El nuevo tao de Warren Buffett

El nuevo tao de Warren Buffett

Una guía para enriquecerte y vivir una vida plena de la mano del mejor inversor de todos los tiempos

MARY BUFFETT Y DAVID CLARK

Traducción de Marta Valdivieso

alienta
EDITORIAL

Título original: *The New Tao of Warren Buffet*

Publicado por acuerdo con la editorial original, Scribner, un sello de Simon & Schuster, LLC.

Alienta es un sello editorial de Centro de Libros PAPF, SLU.
Av. Diagonal, 662-664
08034 Barcelona
www.planetadelibros.com

Primera edición: abril de 2025
Depósito legal: B. 5.386-2025
ISBN: 978-84-1344-404-8
Composición: Realización Planeta
Impresión y encuadernación: Huertas Industrias Gráficas, S.A.
Printed in Spain - Impreso en España

PEFC Certificado
Este libro procede de bosques gestionados de forma sostenible
PEFC
PEFC/14-38300305
www.pefc.es

Para Charlie Munger, 1924-2023

No hay nada comparable a tener un buen socio... Charlie y yo pensamos de forma muy parecida. Pero si yo necesito una página para explicar algo, él es capaz de resumirlo en una frase. Y su versión, además, siempre está razonada con mayor claridad y expresada de manera más ingeniosa; algunos añadirían que más directa.

WARREN BUFFETT

Si quieres convertirte en un gran inversor tienes que seguir aprendiendo; cuando el mundo cambia, tú tienes que cambiar.

CHARLIE MUNGER[1]

Sumario

Nota para el lector

La sabiduría de Warren Buffett contenida en este libro te permitirá descubrir la metodología de inversión que utilizó para aumentar el poder del interés compuesto y, de paso, obtener unos resultados de inversión a largo plazo muy superiores. Una vez que la entiendas, te sorprenderá su eficacia y lo fácil que es de aplicar; que basta, como dice Warren, con tener una inteligencia media, estar dispuesto a leer y aprender a controlar tus emociones.

1

Warren Buffett sobre cómo ganar dinero y conservar el dinero

N.º 1

A la gente le iría mejor si dijera «hoy he comprado un negocio», en lugar de decir «hoy he comprado acciones».[1]

A fin de cuentas, tener acciones equivale a poseer parte de un negocio. La propiedad de una empresa se divide en acciones. Si la empresa tiene 100.000 acciones en circulación y compras 10.000 de esas acciones, en la práctica eres el propietario del 10 por ciento del negocio. Lo bien que le vaya a esa empresa a largo plazo determinará en última instancia lo bien que te vaya a ti como propietario de los activos de ese negocio.

El siguiente consejo de Warren nos ayuda a pensar en las acciones como en un negocio: «Si vas a comprar acciones... coge un bloc de notas y escribe el número de acciones en circulación, multiplícalo por el precio de la acción y obtendrás el valor de mercado de XX. Luego pregúntate si, en el caso de tener esa cantidad de dinero, lo dedicarías a comprar ese negocio. Si tu respuesta es no, entonces no deberías comprar ni una acción de esa empresa».

N.º 2

No te tomes demasiado en serio los resultados anuales. Céntrate mejor en las medias de cuatro o cinco años.[2]

Las ganancias netas de una empresa en un año dado proporcionan una imagen incompleta de lo que está pasando en realidad. A veces, la imagen es demasiado optimista; otras, demasiado negativa. Warren se fija en las ganancias de una empresa durante un período de cuatro o cinco años. Busca si es estable, si su tendencia es al alza. Una empresa puede tener un mal año por lo que respecta a los beneficios. Lo cual alejará a los inversores cortoplacistas y eso hará caer el precio de las acciones. Si lo que hace que bajen las acciones es un acontecimiento aislado, entonces surge potencialmente una oportunidad para el inversor. Por otro lado, un año puede producirse un aumento de los beneficios, de modo que parecerá que a la empresa le va mejor de lo que en realidad le va, lo que puede hacer que el inversor confiado crea que un negocio en lenta decadencia ha cambiado su tendencia, cuando no lo ha hecho.

N.º 3

No es el cambio lo que genera oportunidades. Lo que genera oportunidades es que otras personas hagan cosas estúpidas... Y diría que en los cincuenta y ocho años que hemos gestionado Berkshire, el número de personas que hacen cosas estúpidas no ha dejado de aumentar.[3]

Las cosas estúpidas suceden cuando el cortoplacismo del mercado bursátil valora mal una empresa en términos de perspectiva económica a largo plazo. Esto significa que la gente se deja llevar por lo que pasa en ese momento e ignora las ventajas económicas de esa empresa a largo plazo. Basta con escuchar las presentaciones de resultados trimestrales que la mayoría de las grandes empresas hacen para los inversores: la atención se centra únicamente en lo bien que le irá a la empresa en el siguiente trimestre, sin mencionar ni una palabra sobre las perspectivas del negocio a largo plazo.

En Wall Street hay una máxima según la cual un «cambio» —nuevas tecnologías transformativas— da lugar a nuevas oportunidades de inversión, lo cual es cierto. Pero eso no significa que esas oportunidades hagan que acabes ganando dinero. De acuerdo con un estudio de 2012 de la Fundación Kauffman titulado «Internet Boom Years», se estima que entre 1995 y 1999, en Estados Unidos se pusieron en marcha 400.000 nuevas empresas relacionadas con internet. De ellas, se considera que el 70 por ciento quebraron en un período de cinco años. Las *start-ups* siempre serán un negocio arriesgado, sea cual sea el sector.

N.º 4

La verdadera prueba para saber si estás invirtiendo, teniendo en cuenta el valor, es si te inquieta el hecho de que la bolsa abra mañana. Si estás haciendo una buena inversión, no debería preocuparte si la bolsa permanece cerrada durante cinco años.[4]

Warren solía reunirse cada dos años con un grupo de inversores que también habían estudiado con Benjamin Graham en la Universidad de Columbia, y hablaban sobre la bolsa. Cuando se juntaban, les gustaba preguntarse lo siguiente: si tuvieras que irte a una isla desierta durante diez años, y tuvieras que invertir todo tu dinero en un único activo y dejarlo ahí todo ese tiempo, ¿qué activo sería? ¿Y por qué?

En 1982, la respuesta de Warren fue Capital Cities Communications, una empresa propietaria de emisoras de televisión y de radio que dirigía Tom Murphy, un CEO con mucho talento. El razonamiento de Warren fue: Tom era un gran gestor, estricto con el dinero, y la empresa obtenía una alta rentabilidad financiera y tenía el mejor margen de beneficios en el sector de la radiodifusión televisiva.

En marzo de 1985, Murphy fusionó Capital Cities con ABC, el gigante mediático de la televisión. Warren compró 20 millones de acciones de la entidad recién fusionada por 517 millones de dólares para ayudar a Murphy con la financiación del acuerdo. Diez años después, en julio de 1995, Murphy vendió Capital Cities/ABC a Disney por 19.000 millones de dólares y Warren recibió por sus 20 millones de acciones 2.460 millones de dólares en efectivo y activos de Disney. Esto proporcionó a Warren unos beneficios antes de impuestos de 1.880 millones de dólares sobre su inversión original y una tasa media de retorno anual compuesto antes de impuestos del 16,8 por ciento durante los diez años que mantuvo sus activos de Capital Cities/ABC.

N.º 5

Tienes que entender de contabilidad. Tienes que hacerlo. Tiene que convertirse para ti en algo parecido a un idioma.[5]

Warren sostiene que la contabilidad es el idioma de los negocios; tiene el poder de revelar la verdadera historia que hay detrás de la salud financiera de una empresa. Le permite descifrar el estado financiero de una empresa —la cuenta de resultados y el balance general— y crear un relato claro y conciso del negocio. El estado financiero le ayuda a determinar si la empresa cuenta con una ventaja competitiva duradera y cuál es su valor intrínseco en relación con el precio de sus acciones; si éstas son una ganga o están sobrevaloradas. Para convertirte en un inversor de éxito del nivel de Warren tienes que dominar el idioma de la contabilidad.

Si no has hecho un curso de contabilidad, ten presente que nosotros hemos escrito un libro para inversores, muy sencillo y fácil de entender, sobre cómo Warren utiliza la contabilidad para interpretar los estados financieros de las empresas. Se titula *Warren Buffett y la interpretación de estados financieros*.

N.º 6

La gente tiene básicamente tres opciones: dinero a corto plazo, que es una opción para hacer algo más adelante, bonos a largo plazo y acciones a largo plazo. Y las acciones son más baratas que los bonos.[6]

Dinero. Tener dinero en efectivo suele ser una muy mala inversión porque la inflación erosiona lentamente el poder adquisitivo, de modo que puede decirse que cada día que pasa tu dinero vale menos. Esta pérdida puede compensarse con los intereses que ese dinero genera si está invertido en certificados de depósito a corto plazo y activos del Tesoro, una cuenta bancaria o un fondo de mercado monetario. Warren considera que el dinero en efectivo es un depósito de valor a la espera de ser invertido en un negocio al precio adecuado. Si no encuentra un precio adecuado, en lugar de utilizar ese dinero, lo invertirá todo en activos del Tesoro de Estados Unidos a corto plazo. ¿Por qué a corto plazo? Porque si tuviera activos del Tesoro a largo plazo y los tipos de interés subieran, el valor de éstos disminuiría. Eso es lo que le ocurrió al Silicon Valley Bank; el banco compró deuda pública a largo plazo y los tipos de interés subieron. Los activos del Tesoro a largo plazo perdieron tanto valor que el banco se declaró insolvente.

Bonos. Uno de los problemas de tener bonos a largo plazo es el aumento de los tipos de interés. El otro es que te quedas atrapado en un tipo de interés bajo durante diez, veinte o treinta años, dependiendo del vencimiento del bono. Warren lo expresó de la siguiente manera: «Si compras ahora un bono a treinta años con una rentabilidad del 2 por ciento, estás pagando cincuenta veces el beneficio, por una inversión en la que las ganancias no pueden aumentar durante treinta años. Si alguien te dijera que quiere venderte activos cuyas ganancias no pueden subir en treinta años, no te parecería una buena inversión». ¿Por qué? Si la inflación es del 5 por ciento anual, podría decirse que estás perdiendo un 3 por ciento anual con tu inversión (5 % - 2 % = 3 %).

Acciones. Aquí la cosa empieza a ponerse interesante. Warren se dio cuenta de que algunos negocios tienen unos fundamentos económicos excepcionales que juegan a su favor y harán que el valor intrínseco de la empresa aumente con el tiempo. Las acciones ordinarias de estas asombrosas empresas pueden considerarse una especie de bono de capital que tiene asociado un tipo de interés (ganancias) creciente. Cuando en 1988 Berkshire empezó a comprar acciones de Coca-Cola, obtenía unas ganancias por acción de 0,18 dólares (ajustado por el fraccionamiento de acciones) y los beneficios por acción crecían aproximadamente un 15 por ciento anual. Berkshire pagó unos 3,24 dólares por acción, lo que suponía un PER (ratio precio-beneficio) de 18; una cifra que Benjamin

Graham, decano de Wall Street y mentor de Warren, habría considerado demasiado alta. Pero Warren entendió algo que Graham no supo ver: los fundamentos económicos de la empresa hacían que a largo plazo un PER de 18 fuera una ganga. Se dio cuenta de que las acciones/los bonos sobre el capital de Coca-Cola, que proporcionaban una tasa de rendimiento inicial del 5,55 por ciento (beneficio por acción de 0,18 dólares ÷ 3,24 dólares = 5,55 %), seguirían subiendo a medida que los beneficios por acción de Coca-Cola continuaran creciendo gracias a una combinación de aumento de las ventas, recompra de acciones e inflación general. Y que, durante varios años, mientras los beneficios por acción de Coca-Cola siguieran creciendo, el mercado de valores seguiría incrementando el precio de sus acciones.

¿Cuál fue el resultado, pues, de la inversión de Warren en Coca-Cola? Invirtió 1.300 millones de dólares en 1988. En los últimos treinta y seis años (2024), su inversión ha crecido hasta valer 24.400 millones de dólares, y eso no incluye los dividendos recibidos en los últimos treinta y seis años. Respecto a estos últimos, en 1989 Coca-Cola pagó a Berkshire 31 millones de dólares en dividendos; en 2024, Berkshire recibió de Coca-Cola 736 millones de dólares en dividendos. En los últimos treinta y seis años, la empresa ha pagado a Berkshire un total de 11.500 millones de dólares en dividendos. Warren ha obtenido así un rendimiento total de 35.900 millones de dólares, lo que equivale a un rendimiento total del 2.661 por ciento sobre la inversión original de 1988. Sin duda «todo va mejor con Coca-Cola», también el dinero de Warren.

N.º 7

El rendimiento de las acciones es superior al de los bonos del Tesoro a treinta años y superior al de las letras del Tesoro. Su rendimiento es mayor que el del dinero que guardas debajo del colchón.[7]

Durante los últimos diez años, la tasa media de rendimiento anual del índice Standard & Poor's 500 (S&P 500) —que representa a quinientas de las principales empresas cotizadas en Estados Unidos— ha sido del 11,2 por ciento. En los últimos veinte años, el rendimiento medio anual del S&P 500 ha sido del 9 por ciento. En 2024, la tasa de rendimiento anual de los bonos del Tesoro a treinta años fue del 4,37 por ciento;

la de las letras del Tesoro a un año, del 5 por ciento; y la del dinero en efectivo debajo del colchón, cero.

Warren piensa que si no sabes nada en materia de inversiones, es mucho mejor invertir en un ETF (fondo cotizado) S&P 500. De hecho, en su testamento, Warren ha dado instrucciones a su fideicomisario para que invierta el 90 por ciento de la herencia de su esposa en un ETF S&P 500 de bajo coste y el 10 por ciento restante en bonos del Estado a corto plazo. Puedes comprar ETF S&P 500 a través de cualquier agencia de corredores online.

N.º 8

Lo mejor que puedes hacer si tienes una empresa privada maravillosa es conservarla. Valdrá más el año que viene y también el siguiente. Así que no hay razón para vender una empresa maravillosa, salvo que se dé alguna circunstancia ajena a ella.[8]

Esto mismo puede decirse si eres un inversor particular y posees acciones de una maravillosa empresa cotizada que tiene una ventaja competitiva duradera. El negocio en el que se basan Coca-Cola, Apple y American Express va a valer más el año que viene y el siguiente. El precio de sus acciones puede variar debido a todo tipo de manías bursátiles, pero el valor subyacente de estas empresas seguirá creciendo. Si compras acciones de estas compañías en un mercado bajista, a un precio de ganga, estás listo para invertir a largo plazo. Así es como muchos de los primeros inversores de Berkshire acabaron haciéndose milmillonarios. Es cierto que tardaron cincuenta años en conseguirlo, pero en tan sólo diez años algunos ya eran multimillonarios.

Hay momentos en los que es necesario vender la participación de una de estas maravillosas empresas: los hijos van a la universidad, quieres comprarte una casa en la playa o hay que pagar un impuesto de sucesiones. En el caso de una empresa privada, puede que no haya ningún miembro de la familia que siga los pasos del propietario o director o que, después de cinco generaciones, haya muchos propietarios que ya no trabajan en la empresa y simplemente quieren convertir sus acciones en dinero. Sea cual sea la razón, nunca debe venderse una empresa privada maravillosa para poder invertir en otra cotizada que no lo es tanto. Lo cual, aunque parezca mentira, sucede continuamente.

N.º 9

No defiendo la frugalidad extrema. Quiero decir, gastar dinero en tu familia cuando ésta es joven y proporcionarle diferentes formas de diversión o educación tiene ventajas y abre posibilidades.[9]

Quienes rinden culto a «Warren y Charlie» son personas austeras, al igual que sus dos héroes. Pero algunas llegan a tal extremo que se niegan a sí mismas y a sus familias algunas de las grandes alegrías de tener dinero. Tienes que vivir por debajo de tus posibilidades para poder ahorrar, pero vivir un 5 o un 10 por ciento más por debajo de tus posibilidades cada año no va a suponer una gran diferencia en el tamaño de la olla con oro que encontrarás al final del arco iris. Sin embargo, la alegría compartida con tu familia y la educación que das a tus hijos te harán sonreír hasta el final de tus días. Así que lleva a los niños a Disneylandia, vive en una casa agradable dentro de tus posibilidades e invierte en la educación de tus hijos; todo eso te reportará grandes dividendos durante muchos años.

Con todo, mientras viajas por la vida, ten presente esta cita sobre la austeridad que suele atribuirse a

Charlie: «En un avión, los asientos más baratos de clase turista siempre llegan al mismo tiempo que los de primera clase».

N.º 10

Trato de invertir en empresas que son tan maravillosas que podría dirigirlas un idiota. Porque tarde o temprano, alguno lo hará.[10]

Esa empresa maravillosa a prueba de idiotas de la que habla Warren es la que tiene una ventaja competitiva duradera, unos fundamentos económicos subyacentes tan sólidos que incluso un directivo imbécil puede dirigirla y obtener estupendos resultados. Lo que suele hacer que estas superempresas sean a prueba de idiotas es el hecho de que llevan cien años fabricando los mismos productos o prestando los mismos servicios.

He aquí algunas de las empresas a prueba de idiotas con «cien años» en las que Warren ha hecho grandes inversiones en el pasado: Coca-Cola Company, Wells Fargo Bank, American Express, Bank of America, Swiss Re, Wrigley's Gum, Kraft Foods,

Moody's, BNSF Railway y Mitsubishi Corporation. ¡Todas han vendido los mismos productos o prestado los mismos servicios durante los últimos cien años! Warren suscribe la «regla de las tres generaciones»: si tres generaciones de tu familia han comprado el mismo producto o servicio, es muy probable que las tres siguientes generaciones también lo hagan. La galleta Oreo de Nabisco tiene más de cien años, y dentro de cien años, un vaso de leche y una galleta Oreo seguirán haciendo sonreír a los niños de todo el mundo.

N.º 11

Siempre surgirán dificultades.[11]

Y, para Warren, las dificultades suponen una oportunidad. Pero su enfoque es único. Otros inversores tratan de predecir cuándo aparecerán las dificultades. Warren se limita a esperar a que se produzcan para aprovechar la bajada del precio de las acciones. Quizá tenga que esperar varios años entre dos oportunidades de compra generadas por «dificultades». Aquí es donde entran en juego el «carácter» y la «paciencia», porque necesitas el «carácter» adecuado para ser lo bastante «paciente» y poder esperar a que aparezcan las «dificultades». Éstas acabarán surgiendo y, con ellas, la bajada del precio de las acciones. A veces, las dificultades hacen que baje incluso el precio de las acciones de las mejores empresas. He aquí algunas de las grandes «dificultades» de los últimos cuarenta años que hicieron desplomarse el precio de las acciones y brindaron a Warren potenciales oportunidades de compra:

El lunes negro (19 de octubre de 1987): el índice Dow Jones (o DJIA, las siglas en inglés de Promedio Industrial Dow Jones) se desplomó un 22,6 por ciento, el mayor descenso porcentual en un solo día de su historia. La caída se debió a una combinación de factores, entre ellos el *trading* automático, la subida de los tipos de interés y el temor a la inflación.

La guerra del Golfo (1990-1991): Irak invadió Kuwait en 1990, lo que alteró el mercado del petróleo; el precio del petróleo se disparó y se temió que hubiera una recesión mundial. El DJIA cayó un 17 por ciento entre julio y octubre de 1990.

El estallido de la burbuja de las puntocom (2000-2002): la especulación excesiva con activos tecnológicos fue lo que causó la burbuja de las puntocom. Cuando estalló, provocó un descenso del 78 por ciento en el índice Nasdaq Composite entre marzo de 2000 y octubre de 2002.

Los atentados del 11 de septiembre (2001): cuando Al Qaeda atacó las Torres Gemelas de Nueva York el 11 de septiembre de 2001, se produjo una caída inmediata de la bolsa; el DJIA cayó un 14 por ciento en una semana.

La crisis del mercado inmobiliario (2007-2009): el sobrecalentamiento del mercado inmobiliario, alimentado por las hipotecas de alto riesgo y el relajamiento de las prácticas crediticias, hizo que los propietarios no pudieran pagar su hipoteca. Los impagos afectaron negativamente a bonos hipotecarios por valor de varios billones de dólares, lo que provocó el peor crac bursátil desde la Gran Depresión. El DJIA cayó un 54 por ciento entre octubre de 2007 y marzo de 2009.

El colapso de Lehman Brothers (15 de septiembre de 2008): Lehman Brothers, el banco de inversión de Wall Street con 158 años de historia, se declaró en quiebra a consecuencia del impago de bonos hipotecarios, lo que desencadenó el pánico en el sistema financiero global.

La crisis de la deuda soberana europea (2010-2012): el temor a que Grecia incumpliera el pago de su deuda pública provocó una caída de la bolsa europea.

El terremoto y el tsunami en Japón (2011): el terremoto y el tsunami que devastaron Japón destruyeron la costa y dañaron gravemente varias centrales nucleares, lo que desató el pánico en la bolsa japonesa.

El Brexit (2016): la salida de Reino Unido de la Unión Europea disminuyó el valor de cambio de la libra esterlina y ocasionó su venta masiva en las bolsas de todo el mundo.

La pandemia de la COVID-19 (2020): la pandemia global provocó confinamientos e incertidumbre económica en todo el mundo, lo que generó un desplome del mercado bursátil en marzo de 2020, cuando el S&P 500 cayó casi un 34 por ciento.

N.º 12

Lo mejor que puede pasarnos es que una gran empresa tenga dificultades temporales... Nos conviene comprarla mientras está en la mesa de operaciones.[12]

Una de las primeras empresas con dificultades temporales que compró Warren fue la propia Berkshire Hathaway. El negocio textil de Berkshire estaba experimentando una recesión cíclica (Warren considera que una recesión cíclica es un problema temporal) y las acciones de la compañía estaban muy bajas, con una cotización de 12,50 dólares por acción frente a un valor contable por acción de 19 dólares. Warren compró acciones de Berkshire porque eran un activo infravalorado, con la intención de venderlas cuando ésta saliera de la recesión cíclica. Sin embargo, terminó comprando suficientes acciones de Berkshire como para hacerse con su control y luego utilizó el capital circulante de la empresa para comprar negocios mucho más rentables.

Más adelante surgieron otras oportunidades de compra similares, debidas a «dificultades temporales»: en 1963, cuando Warren compró activos de American Express durante el escándalo del aceite para ensalada (que implicó a varios ejecutivos de la Allied Crude Vegetable Oil Company que utilizaron garantías falsas en un préstamo de American Express); en 1976, cuando GEICO estuvo a punto de declararse insolvente; en 1982, cuando R. J. Reynolds Industries (la tabacalera) se enfrentó a problemas debidos a la regulación gubernamental, demandas judiciales y una recesión; y cuando en 1988 el precio de las acciones de Coca-Cola experimentó una caída debido a la debacle de la «New Coke» (la empresa intentó cambiar el sabor del refresco) y a la venta masiva en las bolsas durante el lunes negro (Warren considera que las ventas masivas debidas al «pánico» en el mercado son un problema temporal). Así que, siempre que veas a una gran empresa experimentar «un problema temporal» que está hundiendo el precio de sus acciones, puedes apostar a que también encontrarás a Warren husmeando en busca de una ganga.

N.º 13

Si eres capaz de controlar tus emociones, entonces el juego es sencillo. Si eres un inversor joven y puedes guardar cierta distancia, valorar las acciones como si fueran una empresa e invertir cuando todo esté muy barato, sin importar lo que digan los demás y tal vez, si quieres, vender cuando la gente esté muy entusiasmada, en realidad no se trata de un juego intelectual muy complicado.[13]

Nos gusta mucho esta cita porque resume con exactitud lo que hace Warren y por qué tiene tanto éxito. Aprende a valorar empresas. A ignorar las noticias sobre la economía. A comprar cuando los inversores sean pesimistas y las cosas estén baratas. Y a vender, si quieres, cuando la gente se vuelva a entusiasmar con las acciones. Aprender a controlar las emociones es un proceso que lleva tiempo. Recordemos, una vez más, el mantra favorito de Warren: «Sé temeroso cuando los demás sean codiciosos, y codicioso cuando los demás se muestren temerosos».

2

Warren Buffett sobre la importancia de que una empresa tenga una ventaja competitiva duradera

---

N.º 14

Al principio Graham me enseñó a invertir en empresas que fueran cuantitativamente baratas. Lo que yo llamo el método de la colilla de cigarro para comprar acciones; como si fueras por la calle buscando colillas de cigarro a las que le quedan algunas caladas. Lo hice durante años, pero fue un error... Es mucho más fácil ganar dinero comprando un negocio maravilloso a un precio razonable que un negocio razonable a un precio maravilloso.[1]

Benjamin Graham enseñó a Warren cómo asignar un valor a una empresa y a comprarla si ésta se vendía por debajo de ese valor. Graham llamaba a este «descuento» su «margen de seguridad», porque creía que le protegía de las pérdidas. Una vez que la empresa alcanzaba su «valor intrínseco», Graham la vendía. Y si no aumentaba de valor en tres años, la vendía de todos modos. Graham nunca habló sobre los fundamentos económicos de la empresa a largo plazo. No le interesaban.

En el mercado alcista de finales de los años sesenta, este tipo de jugadas basadas en el «valor», como las que hacía Graham, empezaron a agotarse. Fue durante esta época cuando Warren, con la ayuda de Charlie, empezó a darse cuenta de que ciertas empresas contaban con una «ventaja competitiva duradera a largo plazo» que generaba una especie de «crecimiento perpetuo de su valor» y hacía que sus propietarios se volvieran fabulosamente ricos si mantenían las acciones durante mucho tiempo. Estas empresas nunca se vendían a un precio que Graham hubiera considerado atractivo, pero en ocasiones, en mercados bajistas, se venden a precios que Warren considera razonables, dados sus excelentes fundamentos económicos a largo plazo.

N.º 15

Los productos o servicios que tienen fosos amplios y sostenibles a su alrededor son los que proporcionan recompensas a los inversores.[2]

La forma en que Warren describe la naturaleza económica de la «empresa maravillosa» ha experimentado cierta evolución. Al principio, la definía como aquella empresa que tiene un «monopolio del consumidor», es decir, que cuando los consumidores quieren el tipo de producto o servicio que ofrece, piensan únicamente en ella. Luego empezó a describirla como «empresas que ocupan una parte de la mente del consumidor», refiriéndose de nuevo a que los consumidores piensan en un producto o un servicio concreto cuando lo necesitan. Decía que «Disney» ocupa una parte de la mente de los consumidores.

Más tarde, Warren explicó que una empresa maravillosa era aquélla cuyos productos o servicios tienen un «foso amplio y sostenible a su alrededor», es decir, que la marca y los fundamentos económicos subyacentes del negocio protegen a la empresa de la competencia. Y por último, para explicar cómo es una empresa maravillosa, ha utilizado la frase «una empresa con una ventaja competitiva duradera». La «ventaja competitiva duradera» es el foso amplio. El truco consiste en identificar una empresa con una ventaja competitiva duradera y comprarla a un precio razonable desde el punto de vista empresarial. Es una ecuación de dos partes. (Abordamos los métodos de Warren para valorar una empresa más adelante, en los capítulos cinco, diez y dieciocho.)

N.º 16

La clave para invertir no consiste en evaluar cuánto va a influir un determinado sector en la sociedad, o cuánto va a crecer, sino en determinar la ventaja competitiva de cualquier empresa y, sobre todo, la durabilidad de esa ventaja.[3]

En el mundo de Warren, tener una «ventaja competitiva» significa tener alguna ventaja económica que no tienen tus competidores. Que sea «duradera» significa que la empresa tiene capacidad de resistencia y no es susceptible de ser debilitada por la competencia.

Las empresas con una «ventaja competitiva duradera» son de varios tipos: (1) empresas que ofrecen «servicios únicos» y generan cierta lealtad a la marca, lo cual dificulta competir con ellas. Algunos ejemplos serían Amazon, Google, American Express y eBay. (2) Empresas que son el «vendedor de bajo coste» y suelen ser «vendedores de grandes volúmenes». Éstas tienen costes operativos más bajos, lo que les permite cobrar precios más baratos y seguir manteniendo sus márgenes de beneficio. Los precios baratos fidelizan a los clientes, que se vuelven recurrentes y generan un enorme «volumen de ventas». Algunos ejemplos serían los gigantes minoristas Costco y Nebraska Furniture Mart. (3) Empresas con «marcas sólidas», productos que fidelizan a los clientes y hacen muy difícil que un competidor entre en su mercado. Warren cree que una marca con un nombre reconocible equivale a ocupar una parte de la mente del consumidor. Coca-Cola y Apple son dos ejemplos perfectos de este fenómeno.

Coca-Cola vende un producto que no ha cambiado desde que se vendió por primera vez en 1886. El 46 por ciento del mercado de refrescos estadounidense es suyo, así como el 17 por ciento del mercado de refrescos mundial. Sus 138 años de historia y una fuerte posición de mercado son buenos indicadores de que Coca-Cola posee una parte de la mente de los consumidores y tiene una ventaja competitiva duradera.

Desde 2007, Apple vende un producto de consumo —el iPhone— que mejora constantemente y se ha convertido en algo indispensable para muchas personas. La gente habla por el iPhone, envía mensajes con él, lo utiliza para hacer fotos y vídeos, para buscar direcciones, para conocer la previsión del tiempo, como monedero, para hacer operaciones bancarias, leer un libro, comprar entradas para conciertos y películas e incluso para encontrar a sus hijos cuando se pierden. El iPhone de Apple nos conecta con una cantidad infinita de conocimiento almacenado en internet. El nombre «iPhone de Apple» no sólo ocupa una parte de nuestras mentes, sino que cada una de las aplicaciones del iPhone posee una parte de la mente de los consumidores. En apenas diecisiete años, Apple se ha hecho con el 56 por ciento del mercado de teléfonos inteligentes estadounidense y el 17 por ciento del mercado mundial. La penetración del iPhone de Apple en el mercado y sus diecisiete años de historia son muy buenos indicadores de que la empresa tiene una ventaja competitiva duradera gracias al iPhone.

Una vez que has identificado una «marca» que posee una parcela de la mente del consumidor, debes examinar las finanzas de la empresa. ¿Sus ganancias netas son constantes y/o siguen una tendencia ascendente? ¿Obtiene un alto rendimiento de capital? ¿Tiene poca deuda? ¿Lleva a cabo recompras de sus acciones? Todas estas métricas financieras son características de empresas con una ventaja competitiva duradera, que son el tipo de empresas en las que a Warren le gusta invertir. Pero sólo invertirá en ellas si, desde la perspectiva de comprar todo el negocio, le parece que el precio al que se venden tiene sentido.

N.º 17

Buscamos una empresa con una ventaja competitiva duradera, buscamos una empresa que podamos entender y buscamos una dirección que nos guste y en la que confiemos. Y luego buscamos un precio que sea razonable.[4]

Según Warren, que una empresa tenga una «ventaja competitiva» sobre su competencia significa que tiene libertad para subir los precios, lo que aumenta su margen de beneficio, lo que aumenta el beneficio neto, lo que aumenta el valor de la empresa. El factor «duradero» se refiere a tener una ventaja competitiva que siempre vaya a estar ahí: piensa en Coca-Cola, por ejemplo, que lleva más de cien años en el negocio. Una empresa que se pueda «entender» significa que Warren comprende la naturaleza del negocio, lo cual le permite entender sus finanzas, que le ayudan a averiguar si la empresa tiene una ventaja competitiva duradera que juega a su favor. Además, tiene que gustarle la dirección y fiarse de ella, porque a fin de cuentas le está confiando «su» dinero. Y, por último, está la cuestión del precio, que tiene que tener «sentido» desde el punto de vista del negocio, y ahí es donde la gente suele fastidiar la ecuación de Warren. Puede que haya una empresa con una ventaja competitiva duradera, en un sector que Warren entiende, con una dirección en la que confía, pero si no puede comprarla a un precio que tenga sentido para el negocio, no estará interesado, y tú tampoco deberías estarlo.

N.º 18

Hay algunos fosos bastante buenos. Ser el productor de bajo coste, por ejemplo, es un foso increíblemente importante.[5]

No todas las empresas con un «foso» de ventaja competitiva duradera tienen productos de marca que impulsan sus fundamentos económicos subyacentes; algunas son simplemente el productor de bajo coste en un mercado que, por lo demás, es muy competitivo. Ser productores de bajo coste es lo que les asegura un margen de beneficio mayor que el de sus competidores, lo cual significa que sus ganancias netas también son mayores. Berkshire posee algunos productores de bajo coste como, por ejemplo, la compañía de seguros GEICO, que es un productor de bajo coste porque vende directamente a los clientes y no tiene que pagar a agentes para que vendan sus seguros. Otro es BNSF Railway, que tiene una ventaja derivada del bajo coste de los trayectos largos en tren en comparación con los camiones, lo que hace que sea más barato hacer envíos por ferrocarril que por camión. Nebraska Furniture Mart es un productor de bajo coste porque es la propietaria de sus almacenes y edificios comerciales, de modo que no tiene que pagar alquileres, lo cual significa que sus costes fijos son inferiores a los de sus competidores. Y gracias a la automatización y la optimización de su cadena de suministro, Fruit of the Loom mantiene su posición como productor de bajo coste entre las empresas de ropa interior del mercado medio.

N.º 19

No pensaría en el sector de las tarjetas de crédito como un sector con un único modelo, de igual manera que no pienso que en el sector del automóvil haya esencialmente un único modelo. Es decir, Ferrari ganará mucho dinero, pero sólo tendrá una parte del mercado.[6]

En este caso, lo que queremos que entiendas es que el hecho de tener una ventaja competitiva duradera puede darse *en un segmento* de un mercado concreto. American Express buscó la gama alta del sector de las tarjetas de crédito y se convirtió a la vez en un emisor de tarjetas y una red de pagos. Puede cobrar una cuota anual al titular de la tarjeta y una cuota al comerciante. Visa y Mastercard —aunque son extraordinariamente rentables— son redes de pago primarias. Las tres ganan mucho dinero. Pero fue American Express la que desarrolló una ventaja competitiva duradera al dirigirse al segmento del mercado de los usuarios prémium y al ofrecer servicios como el acceso gratuito a salas VIP de las aerolíneas, *upgrades* gratuitos en hoteles de cinco estrellas, un seguro de viaje gratuito, oficinas en ciento cuarenta países y la sustitución inmediata de una tarjeta perdida.

Otro fenómeno que influyó en que Warren comprara títulos de American Express es la recompra de acciones. Entre los años 1993 y 1995 Warren adquirió el 10 por ciento de las acciones en circulación de American Express por 1.392 millones de dólares. Nunca ha vuelto a gastar un centavo en ella. Sin embargo, a través del proceso de recompra de acciones que la empresa ha realizado durante los últimos veintinueve años, la participación de Berkshire en American Express ha pasado del 10 por ciento en 1995 al 20 por ciento en 2024. Ese 20 por ciento ha alcanzado un valor aproximado de 32.400 millones de dólares y además produce 362 millones anuales en dividendos. American Express, en lugar de invertir sus ganancias retenidas en adquisiciones caras e inciertas, ha recomprado sus propias acciones y enriquecido aún más a sus accionistas, entre ellos a Warren.

3

Los principios básicos de inversión según Warren Buffett

N.º 20

Si eres inteligente, no necesitarás mucho dinero. Y si eres tonto, ninguna cantidad de dinero va a poder ayudarte.[1]

Si eres inteligente, entenderás el poder del interés compuesto. Verás la diferencia entre una empresa que tiene una ventaja competitiva duradera y otra que no la tiene. Y sabrás cómo valorar una empresa y determinar si está sobrevalorada o infravalorada. Con ese conocimiento, podrás invertir una suma de dinero, aunque sea pequeña, y hacerla crecer exponencialmente hasta que valga millones de dólares. Pero si eres tonto, aunque empieces gastando millones, con el tiempo lo perderás todo.

N.º 21

Lo importante es saber qué sabes y saber qué no sabes.[2]

El secreto detrás del increíble éxito de Warren no es un intelecto inaudito, ni que sea el oráculo omnisciente de Omaha. De hecho, se trata justo de lo contrario. Consiste, realmente, en saber lo que no sabe. Lo cual le impide tomar decisiones de inversión para las que no está cualificado.

Sería una locura que un contable intentara hacer de médico. Warren piensa lo mismo sobre invertir. A veces, no tiene ni idea de cómo valorar algunas empresas y, en consecuencia, se mantiene alejado de ellas. En cambio, hay empresas que entiende y se siente muy capaz de valorar, y ésas son las que le han hecho superrico.

Warren llama «círculo de competencia» a este mundo empresarial que entiende suficientemente bien como para valorarlo; es decir, confía en su capacidad para valorar estas empresas. Si puede valorarlas con seguridad, también puede decir con seguridad si la bolsa las está infravalorando o sobrevalorando.

Warren considera que poder detectar cuándo el mercado está infravalorando una empresa le indica dónde está el dinero de verdad.

N.º 22

No ahorres lo que queda después de gastar; gasta lo que queda después de ahorrar.[3]

La gente se hace rica cuando consigue que su dinero trabaje para ella, pero eso no ocurrirá a menos que haya ahorrado para hacer una inversión inicial. El primer dinero que la mayoría de las personas pueden invertir procede de ahorrar un porcentaje de lo que ganan trabajando.

Cuando era un adolescente, Warren estaba obsesionado con ahorrar dinero gracias a los diversos pequeños negocios que tenía. Y la obsesión por ahorrar dinero se vio acompañada de una aversión a gastarlo. Era tan reacio a gastar dinero que condujo un viejo Volkswagen Escarabajo hasta mucho después de haberse convertido en multimillonario y sigue viviendo en la misma casa por la que pagó 31.500 dólares en 1957. En el caso de Warren, ahorrar dinero era mucho más divertido que gastarlo, a menos, claro, que fuera para comprar acciones.

N.º 23

Mi riqueza es fruto de la combinación de vivir en Estados Unidos, algunos genes afortunados y el interés compuesto.[4]

Albert Einstein, el genio de la física, dijo en una ocasión: «El interés compuesto es la octava maravilla del mundo. Quien lo entiende, lo gana... El que no, lo paga». Warren se tomó esto muy en serio desde joven, algo que sin duda no ha dejado de reportarle beneficios.

El interés compuesto funciona de la siguiente manera: 50.000 dólares a un interés compuesto del 10 por ciento anual valdrán 55.000 dólares al cabo de un año, 60.500 dólares después de dos y 66.550 dólares después de tres años. Transcurridos diez años, valdrán 129.687 dólares. Pasados veinte, 336.375 dólares. Al cabo de treinta años, 872.470 dólares. Después de cuarenta años, 2.262.962 dólares. Y después de cincuenta años valdrán 5.869.542 dólares.

Durante los primeros diez años, los intereses obtenidos con nuestra inversión de 50.000 dólares serán de 79.687 dólares. Pero entre el año diez y el veinte serán de 206.688 dólares. Y entre el año veinte y el treinta, de 536.095 dólares. Entre el año treinta y el cuarenta ganaremos 1.390.492 dólares de intereses. Entre el cuarenta y el cincuenta, 3.606.580 dólares. A medida que aumenta la cantidad de dinero, obtenemos cada vez más intereses, lo que hace que esta suma crezca aún más.

Cuando Warren se puso al frente de Berkshire Hathaway, hizo que ésta dejara de pagar dividendos, de modo que todas las ganancias se acumularan en la compañía. Gracias a su habilidad inversora, consiguió que los recursos propios de Berkshire crecieran a un impresionante interés compuesto anual del 18,69 por ciento durante cincuenta y nueve años, de modo que los recursos propios pasaron de 24,5 millones de dólares en 1965 a alrededor de 601.600 millones de dólares en 2024, lo cual supone una ganancia total del 2.455.410 por ciento. En respuesta al aumento de los recursos propios, el precio de mercado de las acciones de Berkshire pasó, entre 1965 y 2024, de 12,50 dólares a 715.000 dólares por una acción de clase A, lo que equivale, más o menos, a una tasa de crecimiento anual compuesto del 20,4 por ciento.

Nota: En el año cincuenta y nueve, nuestra inversión de 50.000 dólares, con una tasa anual compuesta del 20,4 por ciento, valdría 2.850 millones de dólares; así es exactamente como varios de los primeros inversores de Warren acabaron siendo milmillonarios.

N.º 24

Por lo que respecta a las inversiones, tienes que hacer dos cursos en una escuela de negocios: uno sobre cómo valorar una empresa y otro sobre cómo considerar las fluctuaciones del mercado de valores.[5]

Si Warren diera un curso en una escuela de negocios sobre cómo valorar una empresa, enseñaría a los alumnos que, en esencia, existen dos tipos de empresas: (1) las empresas que venden productos básicos, que están expuestas a una fuerte competencia de precios, tienen un reducido margen de beneficio, una baja rentabilidad financiera y unas ganancias netas volátiles. Éstas son las empresas que no conviene tener. (2) Las empresas excepcionales con algún tipo de ventaja competitiva duradera, como evidencia la poca competencia de precios, que tienen altos márgenes de beneficio, una alta rentabilidad financiera, ganancias consistentes y que recompran sus acciones. Éstas son las empresas que conviene poseer y, una vez identificadas, Warren explicaría a los alumnos cómo saber si se están vendiendo a un precio que justifique su compra desde una perspectiva empresarial.

El curso de Warren sobre fluctuaciones bursátiles aportaría un estudio histórico sobre cuáles son las fuerzas del mercado que generan oportunidades de compra. Enseñaría a los alumnos la historia de los acontecimientos y las fuerzas que influyen drásticamente en los precios de las acciones, qué hace que éstos pasen de máximos absurdos a mínimos deprimentes, y cómo estos acontecimientos pueden afectar al precio de las acciones de empresas que cuentan con una ventaja competitiva duradera y, de paso, crear oportunidades de inversión.

N.º 25

En general, en la vida no quieres ser una persona carente de emociones, pero sin duda quieres ser una persona que carece de emociones cuando tomas una decisión de inversión o de negocios.[6]

Las decisiones de Warren sobre una inversión —tras sopesar los fundamentos económicos de la empresa y el precio que va a pagar— se basan únicamente en si cree que está haciendo una buena compra. En ese sentido, es muy frío. Al comienzo de su carrera, si tenía una posición que le hacía ganar dinero pero aparecía algo mejor la vendía en un nanosegundo, aunque le encantara la empresa, y apostaba por la nueva posibilidad. Compró y vendió varias veces una de sus empresas favoritas, Capital Cities Communications, antes de adoptar en ella una posición a largo plazo. Ésta es la razón por la que Warren no reacciona con miedo ante un pánico bursátil. Su falta de emociones le permite ver el valor a largo plazo y comprar cuando los demás corren hacia la salida de incendios. También es la razón por la que no se deja llevar por la euforia de un mercado alcista y no acaba pagando precios absurdos por una empresa.

N.º 26

En una valoración, el factor más importante a lo largo del tiempo es, obviamente, el tipo de interés. Si los tipos de interés van a estar en niveles muy bajos... eso hace que cualquier flujo de ganancias derivado de las inversiones valga más dinero.[7]

Supongamos que la empresa A genera constantemente unas ganancias de 10 millones de dólares anuales. Si el tipo de interés fuera del 10 por ciento, tendríamos que invertir 100 millones de dólares en bonos que pagaran un 10 por ciento para ganar 10 millones de dólares anuales. Warren sostendría que la empresa A vale 100 millones de dólares en relación con un tipo de interés del 10 por cierto. (100 millones de dólares × 10 % = 10 millones de dólares.)

Ahora, supongamos que los tipos de interés bajan al 2 por ciento. Tendríamos que invertir 500 millones de dólares en bonos que pagaran un 2 por ciento para ganar 10 millones de dólares anuales (500 millones × 2 % = 10 millones de dólares). Warren sostendría que las ganancias de 10 millones anuales de la empresa A valen ahora 500 millones de dólares en relación con el tipo de interés del 2 por ciento.

La misma relación inversa existe cuando se descuentan los flujos de caja futuros de una empresa en función del valor actual. Cuanto mayor sea la tasa de descuento, menor será el valor actual. Cuanto menor sea la tasa de descuento, mayor será el valor actual. Así, un pago de 10 millones de dólares anuales durante diez años, descontado del valor actual y utilizando un tipo del 10 por ciento, tendría un valor actual de 61,3 millones de dólares. Pero si utilizamos una tasa de descuento del 2 por ciento, un pago de 10 millones de dólares anuales durante diez años tendría un valor actual de 89,4 millones de dólares.

Cuando caen los tipos de interés, el valor relativo de lo que ganan las empresas sube y, con el tiempo, el precio de las acciones también lo hará. Pero cuando suben los tipos de interés, el valor relativo de lo que ganan las empresas baja y, con el tiempo, también bajará el precio de las acciones.

N.º 27

Obviamente, los beneficios valen mucho más si la rentabilidad de los bonos del Estado es del 1 por ciento que si es del 5 por ciento.[8]

Warren considera que cualquier valoración de una inversión está indefectiblemente vinculada a los tipos de interés. Si en 2023 tenías acciones de Apple y obtuviste con ellas 6,43 dólares por acción, habrías necesitado invertir 128 dólares en bonos del Estado a un interés del 5 por ciento para obtener 6,43 dólares. Pero si el interés de los bonos del Estado fuera del 1 por ciento, habrías tenido que invertir 643 dólares en bonos para obtener 6,43 dólares. Así, si los tipos de interés bajan, el precio de las acciones «tiende» a subir. Y si los tipos de interés suben, el precio de las acciones «tiende» a bajar. ¿Por qué compararlo con bonos del Estado? Tratándose de bonos del Tesoro de Estados Unidos se considera que no existe riesgo de impago. En 2024, los bonos del Tesoro de Estados Unidos a diez años cotizaban al 4,3 por ciento, lo que daba a las ganancias de 6,43 dólares por acción de Apple un valor relativo de 149 dólares por acción, frente al máximo histórico que alcanzaron en 2024 de 225 dólares por acción, un 66 por ciento por encima de su valor relativo de 149 dólares por acción. La respuesta de Warren a esta sobrevaloración fue empezar a vender sus participaciones en Apple. Hasta las mejores empresas pueden sobrevalorarse y, cuando esto ocurre, Warren suele reducir su posición.

N.º 28

Nos gusta tener mucho dinero para poder operar con mucha rapidez y a lo grande. Sabemos que esas oportunidades no se presentarán con frecuencia... En los próximos veinte o treinta años, habrá dos o tres ocasiones en las que lloverá oro y lo único que habrá que hacer es salir a por él. Pero no sabemos cuándo será. Y tenemos mucho dinero disponible.[9]

Charlie solía expresar esto de la siguiente manera: «Tienes que ser muy paciente. Tienes que esperar a que surja algo, lo cual, al precio que estás pagando, es fácil. Va en contra de la naturaleza humana, limitarse a estar sentado todo el día sin hacer nada, esperan-

do. Para nosotros es sencillo, porque estamos muy ocupados. Sin embargo, para una persona normal, ¿te imaginas estar cinco años sin hacer nada? No te sientes activo, no te sientes útil, así que haces algo estúpido». Ningún gestor de fondos del mundo sigue esta estrategia de inversión; mantener miles de millones en efectivo y esperar a que el mundo se venga abajo. Pero es efectiva. Más o menos cada diez años, el mundo financiero se desmorona y el precio de las acciones se hunde en todo el mundo. Así sucedió en el año 2000, cuando estalló la burbuja de internet, en 2008-2009 cuando Wall Street implosionó debido a los bonos respaldados por hipotecas, en 2020 cuando todo se paralizó por la COVID-19, y volverá a ocurrir una y otra vez. Y cuando suceda, el precio de las acciones se desplomará y los bancos centrales del mundo harán lo que siempre hacen, que es imprimir toneladas de dinero para sacarnos de esa situación, lo que en última instancia implicará el alza del precio de las acciones. Los *hedge funds*, los fondos mutuos y las instituciones de inversión colectiva del mundo no pueden permitirse esta estrategia de Warren basada en la espera, no pueden sentarse sobre el dinero a esperar una megaoportunidad. Pero Warren puede. ¡Y tú también!

N.º 29

Las oportunidades surgen con poca frecuencia. Cuando llueva oro, saca un cubo, no un dedal.[10]

Warren habla a menudo del temperamento. Se refiere a tener paciencia para esperar la oportunidad idónea. Él mismo admite que a veces ha esperado pacientemente durante varios años a que surgiera la oportunidad de inversión adecuada. Y cuando por fin se produce, aprovecha y compra a lo grande.

En los años ochenta, Warren invirtió 1.300 millones de dólares en acciones de Coca-Cola que, como ya hemos dicho, en 2024 valían alrededor de 24.400 millones de dólares; y en los noventa invirtió 1.400 millones de dólares en acciones de American Express, que ahora valen alrededor de 32.400 millones de dólares. En los dos mil, compró acciones de Bank of America por valor de 14.000 millones de dólares que, en 2024, cuando empezó a reducir su posición, valían unos 35.100 millones de dólares; y en la década de 2010 invirtió 31.000 millones de dólares en acciones de Apple, que a principios de 2024 valían la increíble cifra de 176.800 millones de dólares. Tú

también puedes invertir a lo grande y ganar a lo grande si sigues los pasos de Warren y compras acciones de una empresa con una ventaja competitiva duradera, y lo haces a un precio razonable desde el punto de vista empresarial.

N.º 30

Hay muchas empresas que nunca compraría, aunque pensara que su dirección es la más maravillosa del mundo, porque simplemente se dedican a un mal negocio.[11]

Esto se remonta a algo que Warren dijo en los años noventa: «Cuando un directivo con fama de ser brillante se enfrenta a una empresa con fama de tener unos malos fundamentos económicos básicos, es la reputación de la empresa la que permanece intacta». Algunas empresas tienen inherentemente unos fundamentos económicos subyacentes tan malos que ni los mejores directivos del mundo pueden mejorarlos. Suelen ser aquellas que venden un producto o servicio básico en el que hay mucha competencia de precios y que históricamente experimentan un ciclo repetitivo de auge y depresión. En los años de auge, la demanda supera a la oferta, lo que genera enormes márgenes de beneficio. Pero en los años de depresión, la baja demanda reduce los márgenes de beneficio y los costes fijos los rematan. Puedes identificar con facilidad estas empresas por su errático historial de beneficios: algunos años tienen pérdidas, otros resultan muy rentables. Nunca recompran sus acciones y suelen tener una deuda importante. Todo eso indica que no es el negocio adecuado para invertir, con independencia del precio de venta.

4

Warren Buffett sobre las dinámicas del mercado de valores

N.º 31

El mercado de valores es un mecanismo para transferir dinero de los impacientes a los pacientes.[1]

El mercado bursátil está formado sobre todo por especuladores impacientes y cortoplacistas disfrazados de inversores. Esta falta de miras los lleva a comprar y vender acciones sin entender realmente los fundamentos económicos de la empresa a largo plazo. A veces, esta especulación hace que el precio de las acciones alcance máximos ridículos, y otras veces que llegue a mínimos demenciales, que ignoran por completo los fundamentos económicos a largo plazo del negocio subyacente.

Warren compra cuando los especuladores cortoplacistas hacen bajar el precio de las acciones por debajo del valor económico de la empresa a largo plazo. Entonces espera pacientemente, porque sabe que los fundamentos económicos subyacentes de la empresa harán que con el tiempo el precio de las acciones vuelva a alinearse con su valor económico a largo plazo.

N.º 32

No tengo ni idea de qué harán los mercados mañana o pasado mañana, dentro de un mes o de un año. Lo que sí sé es que, al final, las acciones tienden a venderse por lo que valen. Al menos dentro del orden de lo que valen. Entretanto, suben y bajan, pero al final tienden a su valor real.[2]

La experiencia de Warren en la compra y la venta de acciones, que se prolonga durante ochenta y tres años, le ha enseñado que no importa lo mucho que puedan subir las acciones de una empresa, o cuánto puedan caer, con el tiempo las acciones de una empresa lucrativa se venderán por su verdadero valor. Cuando el mercado de valores cortoplacista sobrevalora una empresa en relación con sus fundamentos económicos subyacentes a largo plazo, Warren sabe que, al final, el mercado reajustará al alza el precio de las acciones de la empresa para reflejar ese valor. Y entonces es cuando él gana dinero.

N.º 33

El mejor momento para desplegar capital es cuando las cosas van mal.[3]

Warren trata de desplegar capital o comprar acciones cuando los precios están bajando. Espera pacientemente a que se produzca lo que se llama un «cisne negro», un suceso inesperado que provoca la caída del precio de las acciones. Un cisne negro puede afectar a empresas individuales, determinados segmentos del mercado, sectores enteros o mercados enteros.

Warren empezó a comprar acciones de American Express en 1963, durante la crisis del aceite para ensalada que hizo caer las acciones de la empresa. Durante el crac bursátil de 1973-1974, compró acciones de Disney y de *The Washington Post*, y la empresa See's Candies. Cuando en 1988 cayó la bolsa, Warren empezó a comprar acciones de Coca-Cola Company (vio el valor económico a largo plazo que el mercado de valores no podía ver porque estaba demasiado centrado en el corto plazo).

Durante el auge de internet de finales de los años noventa, cuando las empresas tradicionales no cotizadas se vendían baratas porque no eran empresas de internet y tenían un potencial de crecimiento limitado, Warren compró Nebraska Furniture Mart (una empresa no cotizada). Cuando en el 2000 estalló la burbuja de internet y todo el mercado se hundió, compró Moody's (la empresa de calificación crediticia). Durante la crisis financiera de 2008, que provocó la quiebra de las empresas financieras, invirtió en Goldman Sachs. En 2009, cuando el mercado aún seguía deprimido, compró BNSF Railway. Cuando la bolsa experimentó una caída durante la segunda mitad de 2016, Warren empezó a comprar acciones de Apple.

N.º 34

No conozco a nadie que haya conseguido ganar mucho dinero prediciendo el funcionamiento del mercado. Conozco a mucha gente a la que le ha ido bien eligiendo determinadas empresas y comprándolas a un precio razonable.[4]

Warren no se dedica a intentar «predecir» cuándo tendrá lugar el próximo cisne negro que hará caer el mercado de valores. Se dedica a «esperar» que un cisne negro haga caer la bolsa. Son dos cosas diferentes. Tratar de predecir cuándo ocurrirá es casi imposible. Beneficiarse de él cuando sucede es fácil. Para predecir un acontecimiento futuro se necesita el talento de un adivino; para lo otro, basta con tener mucha paciencia y esperar a que ocurra lo inevitable. Y este fenómeno puede darse en cualquier momento en una empresa de cualquier tipo de mercado —un acontecimiento puntual hace que las acciones de una empresa se desplomen durante uno o dos años—, lo que da a Warren una oportunidad de compra mientras espera a que el próximo cisne negro llegue a su vida y lo hunda todo.

N.º 35

Creemos que a cualquier empresa que tenga un economista le sobra un empleado.[5]

Warren añadió: «No recuerdo haber realizado nunca una adquisición, o haberla rechazado, basándome en factores macroeconómicos. Tanto en el caso de See's Candy como en el de BNSF Railroad, las compramos en un momento en que la situación económica general era terrible».

A la gente le cuesta creer que Warren no tenga en cuenta la macroeconomía a la hora de comprar empresas o hacer una inversión en bolsa, pero así es. No le importa cuál es la tasa de inflación. No le importa si el Banco de la Reserva Federal sube o baja los tipos. No le importa el precio del petróleo ni el PIB actual del país. Warren se centra en averiguar cuál será la probable rentabilidad media del «negocio» a lo largo del tiempo, lo fuerte que es su ventaja competitiva y si el precio que se pide es razonable desde el punto de vista empresarial. Cree que, puesto que está comprando la empresa con la intención de mantenerla durante veinte años como mínimo, el entorno macroeconómico actual carece de importancia.

Charlie lo expresó de la siguiente manera: «Hemos avanzado muy poco en la vida intentando adivinar estos factores macroeconómicos. Prácticamente hemos renunciado. Nos limitamos a estar siempre nadando y dejar que la marea haga lo que le parezca».

N.º 36

Recuerda que el mercado de valores es maníaco-depresivo.[6]

El mentor de Warren, Benjamin Graham, le enseñó a pensar en el mercado de valores como en un individuo llamado Sr. Mercado. Cada día, el Sr. Mercado te ofrece un precio al que está dispuesto a comprar o vender acciones de una empresa. Sin embargo, el Sr. Mercado no es un actor racional. Se deja llevar por sus emociones y pasa incontroladamente del optimismo al pesimismo, con independencia de los fundamentos económicos subyacentes de la empresa.

Cuando el Sr. Mercado está en fase maníaca, ve oro debajo de las piedras. Cree que el precio de las acciones de la empresa se disparará y hay que comprar ¡AHORA! Es entonces cuando los inversores se dejan llevar por la euforia, la codicia y el miedo a perderse algo. En esos períodos, el Sr. Mercado compra acciones a precios muy inflados y no es consciente del peligro potencial que supone pagar demasiado por una empresa. En estos momentos de entusiasmo, en los que consecuentemente los precios son muy altos, Warren se aleja del mercado y evita comprar nada.

Hay otros períodos en los que el Sr. Mercado está deprimido y todo es pesimismo. Cree que el mundo financiero está al borde del colapso y empieza a vender acciones a un precio mínimo. Es entonces cuando el miedo y el pánico se apoderan de los inversores, que venden sus acciones a precios inferiores al valor intrínseco del negocio subyacente. En estos momentos, Warren se entusiasma con la compra de acciones.

Warren ha descubierto que la clave para moverse por este mercado maníaco-depresivo es entender la diferencia entre precio y valor. A diferencia del Sr. Mercado, que se deja llevar por las emociones, él se centra en el valor intrínseco de la empresa: sus perspectivas a largo plazo y su ventaja competitiva duradera. Y se centra en el precio que paga. Cuanto menor sea el precio, más interesado estará en realizar la inversión. Warren también entiende que el estado depresivo del mercado no es permanente, y que cuando el Sr. Mercado recupere la euforia, las inversiones que acaba de comprar a precio de ganga aumentarán de valor.

N.º 37

A veces, el mercado de valores está bastante orientado a la inversión... Y otras veces puede parecer un casino... una casa de apuestas... Dependemos de empresas cuyo precio se asigna mal a través de un mecanismo del que no somos responsables. En suma, hace mucho que aprendimos que no hace falta tener un coeficiente intelectual muy alto. Sólo se necesita la actitud adecuada.[7]

Esta afirmación sintetiza la teoría de Warren acerca de que el mercado de valores tiene un enorme componente de «juego» que a veces «asigna mal el precio» a empresas maravillosas. Cuando esto ocurre, es el momento de comprar acciones de estas estupendas empresas. Para eso, un inversor no necesita una gran inteligencia, sino más bien la actitud o el temperamento adecuados para hacer justo lo contrario de lo que hacen los jugadores. Cuando éstos están demasiado entusiasmados (mercado alcista), guardas tu dinero, y compras cuando ellos venden presos del pánico y asignan mal el precio a las empresas (mercado bajista). No necesitas ser un mago de la inversión para llevar a cabo la estrategia de inversión de Warren, sólo necesitas el temperamento idóneo para hacer lo contrario de lo que están haciendo los jugadores. Si estás dispuesto a investigar, puedes hacer eso con empresas individuales. O si simplemente quieres relajarte y disfrutar, puedes comprar un ETF S&P 500.

N.º 38

Cuando observamos el mercado de valores, vemos miles y miles de empresas a las que cada día se les asigna un precio, e ignoramos el 99,9 por ciento de lo que vemos, aunque le echemos un vistazo. Y luego, de vez en cuando, vemos algo que, como negocio, nos parece que tiene un precio atractivo.[8]

Warren considera que no se trata tanto de un «mercado de valores» como de un «mercado de empresas» en el que se compran y venden participaciones en empresas. Él compra empresas enteras y participaciones en empresas individuales.

Pero además de ser un mercado en el que se compran y venden participaciones de empresas, también es un casino de juego de más de 60 billones de dólares, en el que enormes fondos de inversión hacen apuestas multimillonarias sobre los movimientos a corto plazo del precio de las «acciones» de estas empresas individuales. El número de jugadores que hay en este casino es muy grande; por ejemplo, hay 6.559 fondos de inversión que invierten en acciones de Apple.

A veces, estos gigantescos fondos de inversión son demasiado optimistas acerca de las perspectivas a corto plazo de una empresa y sobrevaloran el negocio en relación con sus fundamentos económicos subyacentes a largo plazo. Otras veces estos fondos de inversión son demasiado pesimistas acerca de las perspectivas a corto plazo de una empresa y sobrevenden sus acciones en relación con sus fundamentos económicos subyacentes a largo plazo. Cuando los fondos de inversión se vuelven pesimistas acerca de las perspectivas a corto plazo de una empresa y sobrevenden sus acciones es cuando, en ocasiones, Warren descubre un «negocio maravilloso» que se vende a un precio atractivo.

N.º 39

Una empresa que se enfrenta constantemente a cambios importantes tiene muchas posibilidades de enfrentarse también a errores importantes. Además, sobre un terreno económico que siempre está cambiando violentamente resulta difícil construir una franquicia empresarial que sea inexpugnable.[9]

Warren añadió: «La experiencia indica que las empresas que se dedican a algo que ya hacían hace cinco años son las que obtienen mayor rentabilidad». Cuando una empresa está en un negocio que cambia constantemente, tiene que gastar una fortuna en investigación y desarrollo, reequipar las plantas y reciclar a los empleados para seguir en el mercado. Una planta embotelladora de Coca-Cola seguirá produciendo hasta que la maquinaria se deteriore. No ocurre lo mismo con un fabricante de chips de silicio, que tiene que renovar el equipo cada vez que actualiza los chips y se enfrenta continuamente a la obsolescencia de la planta mucho antes de que la maquinaria se haya deteriorado. Reequipar una planta de chips de silicio puede llevar años y costar miles de millones.

El cambio constante es uno de los grandes problemas a los que se enfrentan las empresas de automóviles y camiones. Cada nuevo modelo conlleva el tremendo coste de reequipar las plantas de fabricación. Warren ha aprendido a evitar estas empresas que se encuentran en permanente cambio.

N.º 40

El éxito de una inversión depende de comprar las empresas adecuadas al precio adecuado. Y para eso tienes que saber valorar empresas, y debes tener una actitud que impida que el mercado te influya. El mercado tiene que estar ahí, pero no para influirte, lo quieres ahí para que te resulte útil.[10]

Dejar que el mercado de valores te sea útil. Es una idea interesante. A Warren el mercado de valores le resulta útil cuando de vez en cuando éste asigna erróneamente un precio a empresas maravillosas que tienen unos fundamentos económicos a largo plazo muy buenos y que trabajan a su favor. Lo que Warren quiere decir con que el mercado no está ahí para «influirte» es que no te dejes atrapar por el pánico bursátil hasta el punto de venderlo todo y tener miedo de comprar empresas en declive con una ventaja competitiva duradera. Ni que tampoco te dejes atrapar por el frenesí comprador de un mercado alcista hasta el punto de acabar pagando precios disparatados por esas empresas.

5

Warren Buffett sobre cuál es el precio adecuado que debe pagarse por una empresa o una acción

---

N.º 41

Unas acciones pueden ser una buena o una mala compra, todo depende del precio.[1]

¿Qué es una buena compra? ¿Qué es una mala compra? Depende del precio, porque lo que pagas determinará en última instancia tu tasa de retorno.

He aquí un ejemplo: entre 2016 y 2020, Warren compró acciones de Apple por un valor aproximado de 31.000 millones de dólares —a un precio medio por acción de 34 dólares y un PER medio de alrededor de 16—, con los que compró 907 millones de acciones.

Si Warren hubiera pagado un precio más alto, por ejemplo, los 68 dólares —o 32 veces el beneficio—

que costaban las acciones de Apple en 2020, con sus 31.000 millones de dólares sólo habría podido comprar 455 millones de acciones de Apple.

A principios de 2024, las acciones de Apple se vendían a 195 dólares y los 907 millones de acciones de Warren valían 176.800 millones de dólares; lo cual, respecto a la inversión original de 31.000 millones de dólares, le habría reportado un beneficio de 145.800 millones de dólares y un rendimiento total del 470 por ciento.

Sin embargo, si hubiera pagado 68 dólares por cada una de sus acciones de Apple —un PER de 32—, con sus 31.000 millones de dólares habría obtenido 455 millones de acciones de Apple, que a 195 dólares por acción en 2024 valdrían 88.700 millones de dólares; lo cual, respecto a la inversión original de 31.000 millones de dólares, le habría reportado un beneficio de 57.700 millones de dólares y un rendimiento total del 186 por ciento.

Cuanto mayor sea el precio por acción, menor será el retorno. Cuanto menor sea el precio por acción, mayor será el retorno. Con un PER de 32, Warren habría descartado Apple, pero con uno de 16, era una gran compra.

N.º 42

Puedes pagar demasiado por una empresa maravillosa... Puedes convertir cualquier inversión en un mal negocio si pagas demasiado.[2]

Una empresa obtiene un beneficio neto anual de 50 millones de dólares. Y lo consigue un año tras otro, lo que la convierte en un negocio maravilloso. Supongamos ahora que nos entusiasmamos con esa empresa y pagamos por ella 50 veces los beneficios, es decir, 2.500 millones de dólares. El retorno anual de la inversión sería del 2 por ciento sobre una inversión de 2.500 millones de dólares. Eso significa que, comparativamente, habríamos ganado más invirtiendo en valores del Tesoro a treinta años cuyo tipo de interés es del 4,37 por ciento, con los que habríamos obtenido 109,2 millones anuales.

Éste es un ejemplo de lo que significa pagar demasiado por un negocio maravilloso. La empresa sigue siendo estupenda, sigue ganando 50 millones de dólares cada año. Pero como compradores, con el precio que hemos pagado por ella —50 veces los beneficios, 2.500 millones de dólares— hemos destruido los buenos fundamentos económicos subyacentes, convirtiendo así un negocio maravilloso en un mal negocio.

N.º 43

Nunca analizaremos una empresa y diremos: «Con independencia del precio, vamos a comprarla», porque no compramos nada cuando las palabras «con independencia del precio» forman parte de la frase.[3]

Warren se rige por esta disciplina de precios, que es su secreto para hacerse realmente rico. El precio que pagas determinará tu tasa de retorno. Cuanto menor sea el precio que pagas, mayor será su rendimiento. Cuanto mayor sea el precio que pagas, menor será su tasa de retorno. En un mercado alcista, las empresas con una ventaja competitiva duradera son propensas a estar muy sobrevaloradas. Ése no es el momento de comprarlas. Y en un mercado bajista, las empresas con una ventaja competitiva duradera pueden estar muy infravaloradas. Ése es el momento adecuado para comprarlas.

Así que ahorra dinero, haz una lista de quince empresas que consideras que tienen una ventaja competitiva duradera, espera a que se produzca la próxima venta fruto del «pánico» y, entonces, toma tus ahorros y sal en busca de oportunidades. Y nunca compres una empresa «con independencia del precio».

N.º 44

Así que lo que de verdad necesitas es una empresa que pueda fijar precios que reflejen la inflación y no tenga demasiada inversión de capital que refleje la inflación.[4]

En esta cita Warren se refiere a la «flexibilidad de precios» ante la inflación, es decir, a que una empresa pueda ajustar fácilmente sus precios para adaptarse al aumento del coste de los materiales y la mano de obra. Esto garantiza que sus márgenes de beneficio se mantienen en un nivel saludable a pesar de las presiones inflacionistas que reducen el valor. En los mercados muy competitivos, las empresas tendrán dificultades para hacer esto, porque utilizan el precio para competir entre ellas, lo cual limita su libertad de precios.

Warren también habla de las empresas que tienen unos bajos costes corrientes de «inversión de capital» que están sujetos a presiones inflacionistas. Si una empresa necesita inversiones constantes en equipamiento, infraestructuras u otros activos, con el tiempo la inflación aumentará esos costes, disminuyendo la rentabilidad. En cambio, las que tienen unas necesidades de inversión de capital reducidas están mucho mejor posicionadas para hacer frente a las presiones inflacionistas.

El ejemplo perfecto de un negocio con flexibilidad de precios y pocas necesidades constantes de inversión de capital son los minoristas de joyería que tiene Berkshire. La inflación aumenta porcentualmente los salarios, pero la gente gasta lo mismo que siempre. Y los pendientes de diamantes que hace veinte años se vendían por 5.000 dólares, ahora se venden por 12.000. En la alta joyería, el margen de beneficio es alto, normalmente, como mínimo, el 50 por ciento del precio de venta. Cuando el par de pendientes de diamantes costaba 5.000 dólares, la joyería obtenía un beneficio de 2.500 dólares. Ahora que cuesta 12.000 dólares, el beneficio de la joyería es de 6.000 dólares.

Y en el sector de la joyería, a diferencia del de la ropa, los productos no se quedan obsoletos. De hecho, sucede lo contrario; los diamantes de un inventario de joyas aumentan de valor cada año. Y la joyería casi no tiene gastos en bienes de equipo: la cámara acorazada tiene un siglo, los expositores cincuenta años y, aparte de modernizar las cajas registradoras de vez en cuando, una vez construida la tienda, no hay mucho más. En la Omaha de Warren, si tres generaciones han comprado sus joyas en Borsheims —propiedad de Berkshire—, es muy probable que también lo hagan las tres siguientes.

N.º 45

Quiero decir, en los mercados de valores los precios hacen cosas increíbles. Y entonces, cuando hacen algo que nos parece muy bueno para nosotros, actuamos. Pero hoy no sabemos lo que vamos a hacer mañana.[5]

En el verano y el otoño de 2002, tras el estallido de la burbuja de las puntocom y los atentados del 11-S, el mercado de bonos basura se vino abajo y los precios cayeron hasta el punto de que el rendimiento hasta el vencimiento de muchos bonos basura era de entre un 30 y 35 por ciento. Warren invirtió 8.000 millones de dólares en comprar bonos basura de empresas que entendía bien. Al hablar de sus compras de bonos basura en 2002, dijo: «Curiosamente, en doce meses, algunos de esos mismos títulos cuyo rendimiento era de un 30 o 35 por ciento pasaron a tener un precio con el que su rendimiento era sólo del 6 por ciento. Es algo muy notable, cuando piensas que eso ocurrió en un país que no estaba sumido en una depresión ni nada parecido». A medida que bajaba el rendimiento de los bonos basura, su precio subía. Se ha dicho que en un año Warren obtuvo hasta un 30 por ciento con su inversión de 8.000 millones de dólares. Ahora bien, ¿significa esto que sea un comprador habitual de bonos basura? No. Significa únicamente que cuando la oportunidad llama a la puerta, Warren responde a lo grande.

N.º 46

Siempre hemos querido adquirir empresas enteras. Pero nos dimos cuenta de que, cuando nos referimos a empresas maravillosas, la mayor parte de las veces podíamos obtener mucho más por nuestro dinero comprando partes en el mercado de valores que mediante la compra negociada de toda la empresa.[6]

Warren nunca habría podido comprar toda la Coca-Cola Company a un PER de 15, pero en el mercado de valores bajista de 1988 compró por 592 millones de dólares —el 3,8 por ciento de la empresa— a un PER de 15. Tampoco habría podido comprar Apple a un PER de 16, pero durante la recesión mundial de 2016-2017 compró por 20.000 millones de dólares el 3,3 por ciento de la empresa a un PER de 16. A lo largo de los años, Warren ha dicho repetidamente que en la compra negociada de una empresa entera nunca ha conseguido un precio de ganga, que lo más que puede esperar es un precio de compra justo. Sin embargo, en un mercado bajista, el cortoplacista mercado de valores hace locuras y a veces ofrece pequeñas partes de algunas de las mejores empresas del mundo a precios inauditos.

¿Por qué Warren no se limita, entonces, a comprar toda la empresa en la bolsa durante una venta masiva de acciones? Hay dos razones: (1) el precio de las acciones de la empresa no se mantiene lo bastante bajo, durante el tiempo suficiente, para que pueda adquirir más acciones al precio de ganga que le parece atractivo, y (2) puesto que Warren suele invertir como mínimo 500 millones de dólares en comprar acciones de una empresa, en realidad podría ayudar a que el precio bajo de las acciones volviera a subir, y el rango de precios ya no sería el de una «ganga». A quienes trabajamos con cantidades de dinero más pequeñas no nos afectan estos dos problemas.

6

Warren Buffett sobre los asesores de inversión

N.º 47

Creemos que calificar como «inversores» a instituciones que realizan activamente operaciones bursátiles es como llamar romántico a alguien que mantiene una y otra vez relaciones sexuales de una noche.[1]

Detengámonos un momento a pensar sobre esto: Warren siempre ha considerado que la compraventa de acciones a corto plazo incita a la locura, ya que se trata de pura especulación; alguien apuesta por las tendencias económicas a corto plazo y el impulso direccional de unas acciones concretas o de todo un mercado. Nunca es algo seguro. Lo irónico es que, aunque Warren entiende esta locura y desaconseja las operaciones a corto plazo, eso es lo que ha creado todas sus oportunidades de inversión. Se calcula que hasta el 90 por ciento de los fondos de inversión se centran en el corto plazo. Los inversores se hacen con acciones y se deshacen de ellas en función de las veleidades de la economía. Los tipos de interés suben: ¡vended! Los tipos de interés bajan: ¡comprad! La inteligencia artificial es el próximo gran avance: ¡comprad! Grecia va a dejar de pagar su deuda: ¡vended! El Banco Central Europeo viene al rescate: ¡comprad! Los bancos de Wall Street se hunden: ¡vendedlo todo!

Esta «fiebre del oro» por comprar que tienen los fondos de inversión hace que el precio de las acciones esté inflado y a menudo sea completamente ajeno a la realidad económica de las empresas a largo plazo. La venta de pánico hace justo lo contrario: puede hacer que el precio de las acciones se desinfle y sea una fracción de lo que estas empresas valen para un inversor a largo plazo como Warren. Las ventas de pánico de los *traders* a corto plazo son las que, en esencia, hacen sonreír a Warren. Y he aquí lo divertido: el fenómeno de las «ventas de pánico» a corto plazo ha estado produciendo huevos de oro para Warren durante los últimos setenta años. Y seguirá generando oportunidades de oro durante los próximos setenta, porque, como hemos dicho, estos *traders* cortoplacistas (que se llaman a sí mismos inversores) constituyen el 90 por ciento del mercado. Estas personas son las que han hecho que Warren sea superrico.

N.º 48

Hay empresas en las que alguien dice: «Deberías tener el 60 por ciento de tu dinero en bonos y el 40 por ciento en acciones». Nosotros no hacemos nada parecido. Es decir, lo consideramos una estupidez.[2]

Los asesores de inversión suelen recurrir a previsiones financieras de la economía para mover tu dinero de fondos de renta fija a fondos de renta variable. Te dicen: «La previsión financiera es que la bolsa baje el año que viene, así que recomendamos que reponderes tu cartera y pases del 70 por ciento en acciones y el 30 por ciento en bonos al 30 por ciento en acciones y el 70 por ciento en bonos». Un año después te recomendarán de nuevo que reponderes tu cartera, y al año siguiente lo mismo. Es uno de los servicios que ofrecen para justificar su comisión anual. Warren considera que reponderar la cartera es absurdo porque nadie puede predecir lo que hará el mercado de valores el próximo año. Cree que, en general, durante los próximos diez años la tendencia del mercado de valores será alcista, pero que prever sus altibajos anuales es, en el mejor de los casos, hacer conjeturas.

N.º 49

Wall Street —una comunidad en la que el control de calidad no se valora— venderá a los inversores cualquier cosa que éstos estén dispuestos a comprar.[3]

Los inversores quieren un alto rendimiento con un mínimo riesgo de pérdida. Pero no es así como funciona el juego. La regla general es que cuanto mayor es la rentabilidad, mayor es el riesgo de pérdida. Pero entonces Wall Street interviene: gracias a la magia del «arte de vender», los asesores de inversión pueden vender a sus clientes que el rendimiento es «alto» y el riesgo «bajo», aunque no sea así. Para que los asesores de inversión puedan hacer esto, los banqueros de inversión de Wall Street inventan todo tipo de productos de inversión de «alta rentabilidad y bajo riesgo» para vender a clientes incautos. Les gusta poner nombres exóticos a estas inversiones: la opción quanto y la opción arco iris, el *swap* de vencimiento constante y la opción bermuda. También están los pagarés con protección del principal, los pagarés con amortización automática, los valores convertibles inversos y los pagarés fénix. Y no olvidemos el *swap* de volatilidad y el más famoso, el *swap* de incumplimiento crediticio. Todos están diseñados para confundir al inversor hasta el punto de que nunca entenderá qué acaba de comprar. Lo cual le deja por completo en manos de su fiable asesor de inversión de Wall Street, que le dice que esta inversión mágica al mismo tiempo proporciona un alto rendimiento y supone un bajo riesgo. Y, sólo para mayor seguridad, también le dirá que diversifique su cartera para protegerse mejor de cualquier catástrofe imprevista. Es lo que hacen los inversores inteligentes.

Lo que estos magos del mercado de Wall Street no dicen a los inversores es que los productos que compran suelen ser muy arriesgados y que la razón de la diversificación es evitar que el asesor de inversión quede como un completo idiota si alguno de estos «productos de inversión» superseguros fracasa por completo. (En 2008, varios de estos productos de inversión superseguros de Wall Street quebraron a la vez, lo cual no sólo acabó con los inversores, sino que también hundió a varios grandes bancos de inversión de Wall Street.)

N.º 50

En Wall Street, la gente ha ganado mucho, muchísimo más dinero con habilidades de venta que con habilidades de inversión.[4]

En Wall Street, lo más fácil de vender es el historial de inversión del año anterior. Lo siguiente más fácil es el historial de uno a tres años. A nadie le importa el historial de cinco años y menos aún el de diez. Dado que, en un período de entre uno y tres años, el 90 por ciento de los fondos de inversión cambia por completo sus carteras, ¿cómo vas a esperar que sus clientes consideren un marco temporal mayor? En el caso de las grandes empresas de inversión que gestionan cientos de fondos distintos —todos con estrategias de inversión diferentes—, en un año cualquiera, cuatro o cinco de sus fondos habrán ido realmente bien, lo que da a su personal de ventas —brókeres y asesores de inversión— algo de lo que «hablar» con sus clientes. Sin embargo, la imagen de la inversión a largo plazo puede contar una historia diferente.

N.º 51

La mayoría de los inversores profesionales se centran en lo que probablemente hagan las acciones el año que viene. Y cuentan para ello con todo tipo de métodos arcanos. No piensan en sí mismos como propietarios de una parte de una empresa.[5]

Este cortoplacismo genera oportunidades para Warren. Los inversores profesionales se ven obligados a producir resultados anuales para poder decir que tienen el fondo con el mejor rendimiento del año, lo que hace que más gente invierta en él, lo que aumenta los fondos que gestionan, lo que aumenta la cantidad de dinero que ganan con las comisiones de gestión.

Sin embargo, en el proceso de buscar beneficios a corto plazo, estos inversores profesionales cortos de miras suelen olvidarse de prestar atención a los fundamentos económicos subyacentes de la empresa a largo plazo. A menudo sobrevenden una empresa porque sus perspectivas a corto plazo no parecen muy buenas. Warren, en cambio, valorará el negocio desde una perspectiva a largo plazo, como si fuera a comprar toda la empresa y a mantenerla durante años. Si el precio de las acciones a corto plazo es inferior a la valoración a largo plazo que hace Warren, entonces puede que considere que existe una oportunidad de compra, siempre que la empresa tenga además algún tipo de ventaja competitiva duradera en su mercado que garantice que su valoración a largo plazo se materializa.

7

Warren Buffett sobre cómo afecta la inflación a las inversiones

N.º 52

Es muy fácil predecir el largo plazo de manera general, pero no puedo predecir lo que hará el precio de las acciones dentro de diez días o diez meses.[1]

Warren se ha dado cuenta de que, con el tiempo, la inflación de precios a largo plazo que se produce cuando el gobierno imprime cada vez más dinero acaba aumentando los ingresos y los beneficios de las empresas que poseen algún tipo de ventaja competitiva duradera. Lo mismo ocurre con el crecimiento constante de la población, que aumentará la demanda de diversos productos, lo cual incrementará el volumen de ventas y los beneficios. La razón es que la «demanda» de los productos y los servicios de estas empresas no disminuye cuando suben los precios. Los negocios mantienen sus márgenes de beneficio y ganan cada vez más dinero, porque el aumento de los precios y el volumen de ventas incrementa sus ingresos, lo que aumenta los beneficios, lo que a la larga hace que aumente el valor subyacente de la empresa.

Piensa en esto de la siguiente manera: en 1980, una casa situada en la calle donde Warren pasó su infancia se vendía por 47.000 dólares y hoy esa misma casa vale 437.000 dólares. ¿Quién se beneficia de la inflación en el precio de la casa? El agente inmobiliario que vendió la casa en 1980 ganó una comisión de unos 2.300 dólares. Si se vendiera hoy, con una valoración de 437.000 dólares, el agente inmobiliario ganaría una comisión de unos 21.000 dólares. Luego está la compañía de seguros. En 1980, asegurar una casa de 47.000 dólares costaba 400 dólares al año. Hoy, asegurar la misma casa costaría unos 2.700 dólares anuales. Y también está el banco. Con una hipoteca de 47.000 dólares a treinta años y un tipo del 5 por ciento, el banco ganaría alrededor de 43.840 dólares en intereses durante el período de treinta años. Pero si subimos ese préstamo a treinta años hasta el total del precio de venta actual, 437.000 dólares, el banco ganaría unos 407.000 dólares en intereses.

La inflación en la vivienda ayuda a las inmobiliarias, las aseguradoras y los bancos a ganar más dinero. Y lo mejor es que, excepto por las actualizaciones informáticas, muchas de estas empresas no tienen que mejorar la infraestructura de sus oficinas para aumentar su negocio; la mayoría se ubican en los mismos edificios que ocupaban hace treinta años. La compañía de seguros de Berkshire, The National Indemnity Company (NICO), lleva en el mismo edificio desde que Warren compró la empresa en 1967. En estos cincuenta y cinco años, las primas emitidas de NICO han pasado de 19 millones de dólares en 1967 a 22.000 millones en 2023, con su sede siempre en el mismo edificio, con los mismos teléfonos de oficina y la incorporación del correo electrónico. Y ninguna de estas empresas tendrá que enfrentarse nunca a la obsolescencia de sus productos porque dentro de cien años la gente seguirá comprando casas, contratando seguros y pidiendo préstamos a los bancos.

Warren descubrió que este mismo principio es válido para los concesionarios y los seguros de automóviles. Cuando la inflación hace subir el precio de los coches, el concesionario gana más por cada coche y la compañía de seguros de automóviles suscribe pólizas cada vez mayores para vehículos cada vez más caros. Y que haya más gente significa que se venden más coches y se suscriben más pólizas de seguro. Ésta es la razón por la que Berkshire Hathaway posee empresas inmobiliarias, compañías de seguros de propiedad y de automóviles, concesionarios de automóviles y una gran posición en un banco importante.

Charlie lo expresó de la siguiente manera: «Aunque no nos gusta la inflación porque es mala para nuestro país y nuestra civilización, es probable que con el tiempo la existencia de inflación nos haga ganar más dinero».

N.º 53

Nadie, excepto alguien que tenga mucha deuda, quiere que haya mucha inflación.[2]

Si vives en un mundo en el que la inflación es del 10 por ciento, cada año los precios subirán un 10 por ciento y cada año tu poder adquisitivo disminuirá un 10 por ciento. Pero cuando la inflación hace subir los precios, los salarios también tienden a subir. No siempre al unísono, aunque los salarios acaban aumentando. En 1960, el salario mínimo federal era de 1 dólar la hora; hoy es de 7,25 dólares la hora. En 1960 tenías que trabajar 100.000 horas a 1 dólar la hora para ganar 100.000 dólares, lo que equivale a 48 años. Hoy ganarías 7,25 dólares la hora y necesitarías 13.793 horas de trabajo (6,6 años) para ganar esos 100.000 dólares. En 1960, con 100.000 dólares podías comprar una mansión en el Medio Oeste; hoy podrías comprar una cabaña. De modo que el truco consistía en pedir prestados 100.000 dólares en 1960, comprar la mansión y no tener que devolverlos hasta un futuro algo lejano, cuanto más lejano mejor, cuando pudieras utilizar tu poder adquisitivo aumentado por la inflación para devolver el préstamo de 100.000 dólares de 1960.

Pero la cosa se pone aún más interesante. Supongamos que has pedido prestado ahora un millón de dólares para comprar una casa, tienes una hipoteca fija a treinta años con un interés del 3 por ciento y la inflación es del 5 por ciento. En teoría, tu casa de un millón de dólares se revaloriza un 5 por ciento cada año, pero el millón que utilizaste para comprarla sólo te cuesta un 3 por ciento, por lo que puede afirmarse que estás ganando un 2 por ciento gracias al diferencial entre ambos (5 % – 3 % = 2 %). Si la inflación subiera hasta el 10 por ciento, entonces estarías ganando un 7 por ciento gracias al diferencial (10 % – 3 % = 7 %). Ganar un 7 por ciento anual sobre un millón de dólares equivale a obtener un incremento de valor de 70.000 dólares anuales. Si pidieras prestados 10 millones de dólares y compraras una casa de 10 millones de dólares, podría afirmarse que cada año estás ganando 700.000 dólares en valor creado por la inflación. Y cuanta mayor sea la inflación, más te beneficiarás de la diferencia entre el coste del préstamo y el aumento del valor de tu propiedad. Así que, según Warren, si ahora pides dinero prestado para comprar una casa, la inflación se convierte en tu nueva mejor amiga.

8

Warren Buffett sobre las ventajas de tener dinero en efectivo

N.º 54

Creemos en tener dinero en efectivo. Ha habido algunos momentos en la historia, y habrá otros, en los que si no lo tienes, al día siguiente no puedes participar.[1]

Disponer de efectivo cuando nadie más lo tiene es un elemento clave de la estrategia de inversión de Warren. Llegó a él por pura casualidad. En el intenso mercado alcista de finales de los años sesenta y principios de los setenta, Warren ya no podía encontrar más acciones baratas para comprar, así que en lugar de cambiar de estrategia de inversión, cerró su sociedad y recuperó el dinero de sus inversiones. Entonces se produjo el crac de 1973-1974 y Warren, que tenía mucho efectivo, se encontró de repente con que todas sus empresas favoritas vendían a precios de ganga, y compró como un loco. Charlie siguió en activo con su sociedad de inversión y durante el crac de 1973-1974 perdió la mitad del dinero de sus inversores. Aunque más tarde lo recuperó, esa crisis fue un acontecimiento traumático para él. La diferencia entre los dos fue que, cuando se produjo el crac, Charlie tenía muchas acciones que se hundieron, mientras que Warren tenía mucho dinero en efectivo y pudo comprar acciones de grandes empresas a precios de ganga.

Warren ha dicho que este hecho, el tener mucho efectivo y despertarse en medio del crac financiero de 1973-1974, cambió el curso de su carrera. Su estrategia de acumular efectivo para los mercados bajistas se evidenció de manera más radical durante la crisis de 2008-2009, cuando, a través de Berkshire, se convirtió en prestamista de último recurso de Goldman Sachs (5.000 millones de dólares), Bank of America (5.000 millones de dólares), la empresa de dulces Mars (6.500 millones de dólares), General Electric (3.000 millones de dólares), Harley-Davidson (300 millones de dólares) y adquirió la totalidad de BNSF Railway por 26.000 millones de dólares.

Charlie explicó esta estrategia en términos algo más prácticos: «La forma de hacerse rico es tener 10 millones de dólares en tu cuenta corriente por si surge un buen negocio». Lo cual, como hemos señalado antes, es la razón por la que Berkshire tiene más de 200.000 millones de dólares en su cuenta corriente, a la espera de que llegue el próximo buen negocio.

N.º 55

La gente suele aferrarse al dinero en efectivo en el momento equivocado.[2]

El mercado de valores se encuentra en máximos históricos, los negocios prosperan, los bancos nunca han estado tan fuertes, la gente compra de todo —coches, casas nuevas, segundas residencias, arte— y cualquier inversión que hace es un éxito. Cuando todo el mundo gasta como un loco, Warren deja de gastar y empieza a acumular efectivo.

El mercado de valores se desploma, las empresas cierran, los bancos quiebran y la gente acumula efectivo y, para conseguir aún más dinero, empieza a vender cosas, por ejemplo sus inversiones, propiedades inmobiliarias y acciones. En ese proceso, el precio de las acciones se hunde. ¡Los precios no han estado tan baratos desde la Gran Recesión! Cuando todo el mundo comienza a acumular dinero en efectivo, Warren abre la caja fuerte y empieza a gastar su reserva de dinero, comprando las acciones hundidas que los demás están desesperados por vender.

En cierto sentido, la filosofía de inversión de Warren es así de sencilla.

N.º 56

Para una empresa el dinero en efectivo es como el oxígeno para una persona: nunca se piensa en él cuando está presente, pero es lo único que se tiene en mente cuando está ausente.[3]

Un papel comercial es una deuda no garantizada a corto plazo —con un vencimiento de entre una semana y 270 días— que las grandes corporaciones y las instituciones financieras utilizan para financiar obligaciones a corto plazo, por ejemplo nóminas, existencias y gastos estacionales. Una de las razones por las que utilizan este instrumento es que su tipo de interés es mucho más bajo que el de la deuda a largo plazo. Y ahí empieza el problema. Algunas empresas empezaron a utilizar papel comercial para financiar sus necesidades a largo plazo, en lugar de establecer una financiación a largo plazo. Se limitaron a refinanciar su papel comercial cuando vencía, lo cual funcionó muy bien hasta que se produjo la crisis financiera de 2008 y el mercado del papel comercial, de 2 billones de dólares, se congeló. Nadie estaba dispuesto a seguir comprando el papel comercial de estas empresas y, de repente, éstas se quedaron sin efectivo. Harley-Davidson fue una de ellas; en 2009 tenía serios problemas y necesitaba con urgencia cientos de millones en efectivo. Pero nadie se los prestaba. Warren acudió a su rescate haciendo que Berkshire le prestara 300 millones de dólares durante cinco años a un tipo de interés anual del 15 por ciento (45 millones de dólares al año). Cuando le preguntaron a Warren por qué no se limitó a comprar acciones de Harley-Davidson, respondió: «Me gusta una empresa cuyos clientes se tatúan su nombre en el pecho, y sabía lo suficiente de ella como para prestarle dinero; pero no sabía lo suficiente para comprar acciones». Harley-Davidson sobrevivió y Berkshire obtuvo un beneficio de 225 millones de dólares por una inversión de 300 millones.

N.º 57

En algún momento de los próximos cien años, y quizá sea mañana o quizá sea dentro de cien años, nadie lo sabe, Berkshire no podrá depender de nadie para mantener nuestra fuerza y nuestras operaciones. Y hemos dedicado demasiado tiempo a construir Berkshire como para que ese momento nos destruya.[4]

Escondida en la parte posterior del formulario 10-K de 2023 presentado por Berkshire Hathaway a la Comisión de Bolsa y Valores de Estados Unidos, hay una cláusula relativa a la recompra de acciones que dice: «Sin embargo, las recompras no se harán si redujeran el valor total del efectivo consolidado de Berkshire, así como sus equivalentes de efectivo y las participaciones en letras del Tesoro de Estados Unidos por debajo de 30.000 millones de dólares». Ésta es la cantidad de dinero de seguridad que Warren quiere que Berkshire tenga en sus cajas fuertes en todo momento, para garantizar que la empresa sobrevive a cualquier catástrofe o trastorno económico repentino que puedan afectar a sus negocios, aunque hace tiempo que él ha cedido su empresa, su obra maestra, a otro capitán para que la guíe por los turbulentos mares del comercio.

9

Warren Buffett sobre cómo sacar provecho de los errores cometidos

N.º 58

En parte, los triunfos de la vida son triunfos porque sabes que no todo va a serlo.[1]

Warren continuó diciendo: «En la vida vas a cometer errores, de eso no hay duda... Es imposible tomar muchas decisiones relacionadas con empresas e inversiones sin cometer algunos errores... Si juegas al golf y haces un hoyo en uno en cada hoyo, nadie jugaría al golf, no sería divertido... Tienes que mandar unas cuantas bolas al *rough* [zona con hierba alta] y luego golpear desde el *rough*... Eso lo hace interesante». Warren mandó una bola al *rough* en 1987 cuando invirtió 700 millones de dólares en Salomon Brothers, un banco de inversión de Wall Street que tuvo problemas serios con los reguladores gubernamentales y estuvo a punto de tener que cerrar. Fue un desastre de proporciones épicas, que obligó a Warren a intervenir como presidente de la empresa y a Charlie a dirigir el comité de auditoría. Warren despidió a varios altos cargos, contrató a un nuevo CEO y convenció al gobierno de que dejara continuar a Salomon. Al final, triunfó y salvó a Salomon Brothers y su inversión de 700 millones de dólares.

N.º 59

Prefiero aprender de los errores de los demás.[2]

La experiencia es la mejor manera de aprender. Sin embargo, las equivocaciones que conlleva pueden hacer que resulte costosa. Cuando Thomas Edison estaba inventando la bombilla, fracasó mil veces antes de acertar. Pero cuando inviertes no puedes permitirte muchos errores.

Warren es un lector voraz de biografías, tanto de personas como de empresas. La lectura le hizo darse cuenta de que podía aprender de los errores ajenos, a un ritmo acelerado y a un precio de ganga, lo que cuesta un libro. Así, Warren se puso en la piel de John D. Rockefeller mientras construía su imperio financiero. Vio cómo J. P. Morgan detenía con valentía el crac bursátil de 1907 que amenazó a la nación con la ruina económica. Y estuvo con Thomas J. Watson Sr. cuando se enfrentaba a las dificultades de levantar IBM. Warren no sólo estudió los éxitos, sino también los fracasos, ya que Wall Street está plagado de grandes fortunas ganadas y perdidas. Obtuvo una inmensa sabiduría mundana leyendo muchos libros, la mayoría de los cuales están disponibles gratuitamente en cualquier biblioteca pública. Y si no tienen el libro que buscas en sus estanterías, una amable persona detrás del mostrador estará encantada de conseguírtelo a través del programa de préstamo interbibliotecario. ¡Todo gratis!

N.º 60

Puedes meterte en más problemas con una buena idea que con una mala.[3]

Benjamin Graham enseñaba que toda buena idea tiene límites. Si no se reconocen esos límites, las cosas pueden acabar bastante mal. Como explica Warren: «La gente empieza a comprar acciones porque cree que son baratas —una buena idea—, pero luego sigue comprándolas cuando éstas no dejan de subir y, antes de darse cuenta, está comprando acciones sobrevaloradas —una mala idea—, ¡y ahí es cuando se mete en problemas!».

Cuando compra acciones de una empresa que considera infravalorada, Warren fija un «precio límite». En el momento que el precio de las acciones de esa empresa supera el «precio límite», deja de comprar y así evita que su buena idea se convierta en una mala. Esto es lo que hizo hace poco con Apple: compró acciones de Apple durante varios años, hasta que éstas alcanzaron un precio que dejó de parecerle atractivo.

N.º 61

Una frase de una canción *country* de Bobby Bare explica lo que sucede a menudo con las adquisiciones empresariales: «Nunca me he ido a la cama con una mujer fea, pero sin duda me he despertado con unas cuantas».[4]

Warren ha cometido algunos errores a lo largo de su carrera. Uno de los peores fue la adquisición de Dexter Shoe Company en 1993 por 433 millones de dólares en acciones de Berkshire. Cuando compró Dexter parecía una gran empresa. Llegó a cantar: «No hay otro negocio como el de los zapatos». Los zapatos de buena calidad que Dexter fabricaba en Estados Unidos tenían seguidores, lo que creaba una especie de lealtad a la marca. Y los zapatos son un producto absolutamente necesario. Los estadounidenses compran mil millones de pares de zapatos cada año que con el tiempo acaban desgastándose, de modo que tienen que seguir comprando otros nuevos.

Lo que Warren no previó fue que a finales de los años noventa el calzado chino barato inundaría el mercado estadounidense y destruiría el modelo de negocio de Dexter. Los elevados costes de mano de obra que Dexter tenía en Maine no podían competir con la mano de obra barata china. Dexter sigue fabricando zapatos, pero el tamaño de la empresa es mucho menor que cuando Warren la compró. Hace poco le preguntaron cuál había sido su peor error y respondió que Dexter Shoes: «Me deshice del 1,6 por ciento de Berkshire —una empresa maravillosa— para comprar una empresa que no valía nada... Dexter es el peor negocio que he hecho nunca».

N.º 62

Después de comprar y supervisar una gran variedad de empresas, Charlie y yo no hemos aprendido a resolver problemas empresariales difíciles. Lo que hemos aprendido es a evitarlos.[5]

En el negocio inmobiliario hay un viejo dicho según el cual a veces la mejor decisión de inversión que puedes tomar es decir que no. Charlie Munger lo expresó aún mejor: «La diferencia entre una buena empresa y una mala empresa es que las buenas toman una decisión fácil tras otra. Las malas toman decisiones dolorosas una y otra vez». Y tanto Warren como Charlie aprendieron esta lección por las malas, con las inversiones que realizaron en una fábrica de aerogeneradores, unos grandes almacenes, una fábrica textil, una de zapatos y una aerolínea. ¿Por qué eran malas esas empresas? Porque pertenecían a sectores muy competitivos con una fuerte competencia de precios, lo que redujo sus márgenes de beneficio, acabó con su flujo de caja y disminuyó las posibilidades de supervivencia a largo plazo. Pero los errores empresariales de Warren y Charlie terminaron siendo una bendición. Ambos aprendieron que el secreto para invertir con éxito es evitar las malas empresas y los sectores con problemas, y apostar siempre por las mejores que cuenten con algún tipo de ventaja competitiva duradera a largo plazo, aunque haya que pagar un precio justo por eso.

N.º 63

En 1966 teníamos unos grandes almacenes en Baltimore. Si los hubiéramos mantenido, habríamos quebrado. Así que reconocer la realidad también es importante. Es decir, no hay que intentar arreglar lo que no tiene arreglo.[6]

Warren y Charlie compraron en 1966 el cien por cien de Hochschild Kohn, unos grandes almacenes en el centro de Baltimore con más de setenta años de historia y gestionados por una familia. Siempre habían sido prósperos, tenían una marca reconocible y vendían productos de calidad, ofrecían un buen servicio de atención al cliente y el Día de Acción de Gracias organizaban el desfile anual Toytown Parade, una tradición muy querida en la ciudad. Warren y Charlie creían que estaban adquiriendo un negocio «antiguo» y consolidado, con un descuento considerable sobre el valor contable. Parecía una ganga con un «margen de seguridad» más que suficiente para asegurarles un gran éxito. En Estados Unidos, durante los últimos cien años, se habían hecho grandes fortunas en el sector de los grandes almacenes. En Omaha, donde ambos se habían criado, la familia Brandeis había ganado mucho dinero en el negocio de los grandes almacenes, y en 1966 seguía haciéndolo.

Lo que Warren y Charlie no sabían es que los nuevos centros comerciales de las afueras estaban empezando a restar negocio a los legendarios grandes almacenes de antaño. Es probable que ésa fuera la razón por la que las familias Hochschild y Kohn estaban vendiendo; eran conscientes de que la situación empeoraría. Warren y Charlie no tardaron en darse cuenta de que lo que pensaban que era una empresa «antigua» y consolidada era en realidad una que estaba agonizando lentamente, y la vendieron en 1969 por más o menos lo que habían pagado por ella. Más adelante, Charlie se lamentó: «Comprar Hochschild Kohn fue como la historia de un hombre que compra un yate. Sus dos días más felices son el día que lo compra y el día que lo vende».

10

Warren Buffett sobre cómo valorar una empresa y sus acciones

N.º 64

Tarde o temprano, la cantidad de dinero en efectivo que una empresa puede generar en el futuro determinará el valor que ésta tiene en el mercado.[1]

El mentor de Warren en Wall Street, Benjamin Graham, le enseñó que a corto plazo el precio de las acciones de una empresa lo determina un concurso de popularidad que puede hacer que éste alcance mínimos absurdos y máximos ridículos. Sin embargo, a largo plazo, el precio de las acciones reflejará el «valor intrínseco» del dinero que va a ganar la empresa. La estrategia de Graham consistía en comprar cuando las acciones estaban absurdamente baratas y venderlas cuando alcanzaban su valor intrínseco.

Warren se dio cuenta de que hay pocas empresas con una ventaja competitiva duradera cuyo valor crezca siempre y de manera gradual. A corto plazo, el «concurso de popularidad» del mercado de valores puede infravalorarlas, pero a largo plazo el mercado acabará entendiendo que el valor de la empresa aumenta de forma constante y revalorizará al alza el precio de las acciones. Warren también aprendió que si adquiría una de estas empresas maravillosas cuando estaba infravalorada en la bolsa, era mucho más rentable mantenerla a largo plazo, dejando que sus fundamentos económicos superiores hicieran crecer el negocio durante un período de diez o veinte años, que seguir la estrategia de Graham de vender las acciones cuando alcanzaban su valor intrínseco.

Charlie lo expresó de la siguiente manera: «Si compras algo porque está infravalorado, entonces tienes que pensar en venderlo cuando se acerque a lo que calculas que es su valor intrínseco. Eso es difícil. Pero si compras algunas buenas empresas, cuyo valor siempre aumenta, puedes sentarte y esperar sin hacer nada». El mejor ejemplo de esto es Berkshire

Hathaway, que durante los últimos cincuenta años ha pasado de cotizar por debajo de su valor contable a principios de los años setenta a casi duplicarlo a finales de los noventa. Si hubiéramos comprado por debajo del valor contable y vendido al doble, habríamos ganado mucho dinero. Sin embargo, nos habríamos perdido el gigantesco avance que hicieron las acciones de Berkshire entre los años 2011 y 2024, cuando el precio de sus acciones de clase A pasó de 104.000 a 715.000 dólares. Si se elige la empresa adecuada, como dice Charlie, vale la pena sentarse a esperar.

N.º 65

La idea de proyectar tasas de crecimiento extremadamente altas durante períodos muy largos ha hecho perder a los inversores grandísimas sumas de dinero... Charlie y yo rara vez —casi nunca— llegamos a cifras muy altas. Puedes perder mucho dinero haciendo eso.[2]

Proyectar tasas de crecimiento extremadamente altas durante períodos muy largos da lugar a valoraciones absurdamente altas cuando se descuentan al valor actual. Si utilizas esas valoraciones tan elevadas para determinar si unas acciones son una ganga o incluso si tienen un precio justo, puedes acabar llevándote una desagradable sorpresa. Veamos algunos de los peligros a los que se refiere Warren.

Supongamos que, durante los últimos diez años, una empresa ha estado aumentando sus beneficios por acción a una tasa media de crecimiento anual del 15 por ciento y que sus beneficios en 2024 son de 4 dólares por acción. Si proyectamos esa tasa de crecimiento del 15 por ciento por acción durante los próximos cincuenta años, en 2074 obtendríamos unos beneficios por acción de 4.335 dólares. Si descontamos al valor actual esas ganancias de 4.335 dólares por acción —utilizando una tasa de descuento del 5 por ciento— obtenemos un valor descontado de 378 dólares por acción, o 94 veces los 4 dólares de beneficio por acción de 2024. Pero si cambiamos el período de proyección a veinte años, obtenemos un valor proyectado de 65,47 dólares por acción en 2044, el año veinte. Si descontamos 65,47 dólares por acción al valor actual —utilizando una tasa de descuento del 5 por ciento— obtenemos un valor actual de 24,50 dólares por acción, es decir, 6,1 veces los beneficios por acción en 2024. Cuanto más lejos llevemos —en años— la tasa de crecimiento, más altas serán las valoraciones obtenidas, y cuanto más altas sean, más peligroso será utilizarlas.

N.º 66

El valor contable es un factor que no tenemos en cuenta. Uno que sí tenemos en cuenta son las ganancias futuras.[3]

Warren empezó a invertir a principios de los años cincuenta, cuando las acciones se vendían por debajo de su valor contable. Buscaba acciones de empresas que se vendieran por la mitad de su valor contable y las compraba. Lo llamaba comprar un dólar por cincuenta centavos. Y cuando el precio de las acciones subía hasta su valor contable, las vendía y obtenía un retorno del cien por cien de su inversión. Pero este tipo de inversión tenía limitaciones, porque no aprovechaba el valor siempre creciente que tiene una empresa con una ventaja competitiva duradera, en la que los superiores fundamentos económicos subyacentes del negocio no dejan de aumentar, añadiendo cada vez más valor a la empresa; un valor que Warren sólo podía obtener si mantenía las acciones durante veinte años como mínimo.

Veamos el siguiente ejemplo: Warren se gastó personalmente unos 6 millones de dólares en comprar acciones de Berkshire Hathaway entre 1965 y 1968, y adquirió para sí 394.754 acciones. Si hubiera vendido esas acciones cuando su dinero se duplicó por primera vez, habría obtenido un retorno del cien por cien de su inversión. Pero no las vendió. Las conservó. Y durante los últimos cincuenta y nueve años, el precio de las acciones de Berkshire ha pasado de 12,50 dólares por acción en 1965 a más de 715.000 dólares por acción en 2024, lo que ha dado a Warren un rendimiento de unas 57.200 veces su inversión original de 1965. Si a lo largo de los últimos treinta años Warren no hubiera donado tantas acciones de Berkshire a fundaciones benéficas, sus 394.754 acciones originales tendrían hoy un valor aproximado de 282.000 millones de dólares, lo que le habría convertido, con diferencia, en la persona más rica del planeta; más incluso que el famoso empresario Elon Musk. Nada de esto habría sido posible si Warren se hubiera aferrado a la «vieja estrategia» de comprar acciones a la mitad de su valor contable y venderlas más tarde con un retorno del cien por cien de la inversión. Warren cree que el dinero de verdad siempre está en las ganancias futuras, por eso se centra en el futuro y no en el pasado.

11

Warren Buffett sobre las inversiones inmobiliarias

N.º 67

Casi siempre es muy difícil encontrar inmuebles que estén mal valorados.[1]

Warren nunca ha demostrado interés alguno por las inversiones inmobiliarias y eso se debe a que se trata de un mercado ultracompetitivo en el que hay muchos actores sofisticados con un alto grado de apalancamiento. Como se utilizan grandes cantidades de deuda para financiar las operaciones, los tipos de interés hipotecarios son los que dictan el precio de los inmuebles, lo que significa que éstos rara vez, o nunca, se venden a precio de ganga. Además, las ventas de pánico irracionales que se producen en el mercado de valores, y que brindan a Warren grandes oportunidades de compra, casi nunca tienen lugar en el sector inmobiliario. Las inversiones inmobiliarias tampoco le ofrecen el tipo de retorno que consideraría competitivo en otras inversiones de su universo.

Consideremos el siguiente ejemplo: la tasa de capitalización de un inmueble es la tasa anual de retorno esperada sobre el precio de compra de un edificio. La tasa de capitalización de un edificio de oficinas de primera categoría situado en Nueva York está actualmente entre el 3,5 y el 5 por ciento. Si se da una entrada del 30 por ciento y se financia el resto del precio de compra, es posible aumentar la tasa de retorno de la «entrada» hasta entre el 6 y el 10 por ciento. Pero esa tasa de retorno de entre el 6 y el 10 por ciento se gravará en el año en curso, lo que dará al inversor particular una tasa de retorno después de impuestos de entre el 3 y el 5 por ciento. A Warren ese tipo de rendimiento nunca le ha parecido atractivo.

Sin embargo, aunque Warren ha manifestado su reticencia a invertir en el sector inmobiliario, en ocasiones ha invertido en distintos fondos de inversión inmobiliarios (socimis). Las socimis son básicamente fondos que poseen y gestionan un gran número de propiedades comerciales. Muchas cotizan en bolsa. En momentos de inestabilidad económica, como en 2008, pueden estar mal valoradas en relación con su *payout* o porcentaje de los beneficios que dedican a la remuneración de los accionistas. Cuando ocurre esto, Warren compra un número selectivo de socimis que ofrecen un *payout* atractivo en comparación con los tipos de interés del Tesoro.

N.º 68

A cualquiera que entra en el negocio inmobiliario se le dice que la primera, la segunda y la tercera regla son que nunca debes firmar nada con tu nombre.[2]

Hay muchos tipos de préstamos inmobiliarios. Uno de ellos es la hipoteca sin recurso, en la que el único recurso que tiene el banco en caso de impago es embargar la propiedad. El banco no puede ir a por el prestatario. Tampoco puede ir a por otros activos del prestatario, como sus cuentas bancarias, ahorros o salarios, para recuperar el importe del préstamo. A los bancos no les gusta conceder préstamos sin recurso, pero los ofrecen para atraer grandes operaciones inmobiliarias, siempre que el promotor tenga un historial crediticio excelente y pueda aportar un pago inicial sustancial para que el banco esté más protegido si el promotor no devuelve el préstamo. A los promotores inmobiliarios les encantan las hipotecas sin recurso porque pueden utilizar el dinero de sus inversores para el pago inicial, suscribir una hipoteca sin recurso de 100 millones de dólares, impagar el préstamo y salir impunes, dejando a sus inversores las pérdidas y al banco la propiedad impagada. No hay otro negocio como el inmobiliario.

N.º 69

Si debes 100 dólares al banco, tienes un problema. Si debes 100 millones al banco, el problema lo tiene el banco.[3]

En este punto, la filosofía de inversión de Warren Buffett y la historia de Donald Trump se encuentran finalmente. Si una empresa no devuelve un préstamo inmobiliario de un millón de dólares, el banco está más que dispuesto a ejecutar la hipoteca de la propiedad de un millón de dólares, venderla con un 20 por ciento de pérdidas y deducir la pérdida de sus ganancias del año en curso. Está dispuesto a hacerlo porque puede absorber con facilidad una pérdida de 200.000 dólares en sus ganancias.

Pero si una empresa pide prestados 100 millones de dólares para construir un edificio y luego impaga el préstamo, y el banco vende la propiedad con una pérdida del 20 por ciento, lo que equivale a perder 20 millones de dólares, eso puede afectar seriamente a los beneficios anuales del banco. A los bancos no les gusta tener un «problema» negativo de 20 millones en sus libros, por lo que intentan evitar que suceda esto como si se tratara de la peste. A menudo lo consiguen renegociando el paquete de préstamos con el prestatario —de modo que éste puede seguir construyendo el edificio— y así el banco no tiene que ejecutar la hipoteca y reclamarlo.

Trump experimentó esta situación en la que «el banco no quiere ejecutar» cuando en los años noventa era propietario del hotel Plaza de Nueva York. El Plaza perdía dinero y Trump tenía dificultades para devolver los préstamos que había pedido a varios bancos para comprar el hotel. Los bancos tenían que decidir: ¿ejecutar o no ejecutar? Optaron por no ejecutar la hipoteca y, en su lugar, se hicieron con el 49 por ciento de las participaciones de la propiedad y dejaron a Trump una participación mayoritaria del 51 por ciento. ¿Por qué? Porque no querían gestionar un hotel; no era su sector ni tenían capacidad de gestión para hacerlo. Si hubieran ejecutado la hipoteca y echado a Trump, quizá habrían tenido que cerrar el hotel hasta encontrar otro comprador. Y un hotel vacío no vale tanto como un hotel con huéspedes. Era mucho mejor que Trump siguiera dirigiendo el Plaza hasta que la propiedad se recuperara o se vendiera el hotel.

12

Warren Buffett sobre los peligros de la banca

N.º 70

En una ocasión, un banquero me dijo: «No sé por qué seguimos buscando nuevas formas de perder dinero cuando las formas tradicionales de perder dinero funcionaban tan bien».[1]

Los bancos ganan dinero gestionando lo que se denomina un balance descompensado: piden prestado a corto plazo y prestan a largo plazo. El banco paga a los depositantes un 3 por ciento por mantener su dinero en el banco, que éstos pueden retirar en cualquier momento, y luego el banco presta ese dinero a un prestatario al 5 por ciento, embolsándose un beneficio anual del 2 por ciento sobre el diferencial. Quizá no parezca mucho, pero cuando hablamos de miles de millones de dólares prestados, el 2 por ciento puede sumar rápidamente una cifra importante.

Sin embargo, los bancos también pueden sufrir pérdidas enormes si los prestatarios no cumplen con sus obligaciones. Si un promotor inmobiliario no devuelve un préstamo sin recurso de 50 millones de dólares, deja al banco con pérdidas millonarias. Si las pérdidas del banco derivadas del préstamo son lo bastante grandes, pueden acabar con el capital del banco y el dinero de los depositantes. Como este escenario de «pérdida por préstamos», en el que los depositantes perdían todo su dinero, se repitió tantas veces a principios de la década de 1930, el gobierno estadounidense intervino y creó una mutua de seguros muy peculiar para proteger el dinero de los depositantes, la Corporación Federal de Seguros de Depósitos (FDIC, por sus siglas en inglés). (En la actualidad, la FDIC protege a los depositantes hasta una cantidad de 250.000 dólares.)

Lo curioso de la FDIC es que la dirige el gobierno, pero en realidad la financian los propios bancos. Los bancos pagan una cuota anual a la FDIC por asegurar los saldos bancarios de sus depositantes hasta 250.000 dólares. Si en un año dado la FDIC se queda sin dinero, impone una cuota adicional a los bancos miembros para cubrir el déficit. En los noventa años que la FDIC lleva asegurando el dinero de los depositantes, nunca le ha costado ni un centavo al gobierno.

N.º 71

Una cerilla encendida puede convertirse en un incendio, o puede apagarse.[2]

En esta cita Warren está hablando de la crisis del Silicon Valley Bank que tuvo lugar en 2023. Hagamos un poco de historia: durante los años 2020 y 2021, en los que los tipos de interés fueron muy bajos, la rentabilidad de las letras del Tesoro de Estados Unidos a un año cayó por debajo del 1 por ciento hasta el 0,1 por ciento. Esto significa que 100 millones de dólares invertidos en letras del Tesoro a un año suponían 100.000 dólares anuales en intereses. Pero la rentabilidad de los valores del Tesoro estadounidense a diez años cayó al 0,7 por ciento, lo que significa que con 100 millones de dólares invertidos en valores del Tesoro a diez años se obtenían 700.000 dólares anuales. Varios bancos decidieron arriesgar y buscar una mayor rentabilidad comprando valores del Tesoro a diez años. Parecía seguro; eran valores del Tesoro estadounidense.

Sin embargo, en 2022, el Banco de la Reserva Federal empezó a subir los tipos de interés y los bancos que tenían posiciones en estos valores del Tesoro a diez años empezaron a perder dinero. (A medida que subía el tipo de los nuevos valores del Tesoro a diez años, bajaba el valor de los antiguos valores del Tesoro, cuya rentabilidad era menor.) Algunos bancos vendieron sus posiciones y asumieron las pérdidas. Otros no lo hicieron, porque no querían que éstas se reflejaran en su cuenta de resultados. Decidieron mantener las posiciones que perdían dinero, con la esperanza de que la subida de tipos no fuera demasiado alta. Pero los tipos subieron aún más, y la posibilidad de que varios de los bancos que habían mantenido sus valores del Tesoro a diez años se declararan insolventes empezó a parecer real.

Los depositantes se enteraron del riesgo que corrían estos bancos y empezaron a retirar su dinero de ellos. Gracias a la banca online eso resultó muy fácil. Los bancos, que necesitaban aumentar su efectivo para satisfacer las demandas de los depositantes, vendieron sus valores a diez años con enormes pérdidas, lo que llevó a varios de ellos al borde de la insolvencia. Lo cual provocó un pánico aún mayor y la gente empezó a sacar dinero de muchos otros bancos más pequeños, incluso de los que no estaban en dificultades. Todo eso hizo que el sistema financiero corriera el peligro de colapsar. En respuesta a la catástrofe que estaba a punto de ocurrir, el gobierno de Estados Unidos intervino y dijo que, con independencia del tamaño del depósito, o de quién fuera el depositante, los depósitos estarían garantizados por el gobierno de Estados Unidos. Eso detuvo el pánico bancario justo a tiempo. El Tío Sam apagó la cerilla justo antes de que provocara un incendio financiero que podría haber acabado con todo el sistema bancario estadounidense.

13

Warren Buffett sobre invertir en Japón, China y el resto del mundo

N.º 72

Por supuesto, no creo que los principios de inversión cambien en las fronteras. Si invirtiera en China, India, Reino Unido o Alemania, aplicaría exactamente los mismos principios.[1]

Warren continuó diciendo: «Consideraría las acciones como una pequeña parte de una empresa —y que las fluctuaciones de las inversiones son algo que me beneficia, no que me perjudica— y centraría mi atención en las empresas con una ventaja competitiva que entiendo y en cómo serán dentro de cinco o diez años».

Por extraño que parezca, en todo el mundo el comportamiento de las personas que invierten se centra sobre todo en el corto plazo, con independencia de su idioma o cultura. Todas las economías experimentan mercados alcistas en los que las empresas se sobrevaloran, así como mercados bajistas y ventas de pánico. Todas tienen empresas que cuentan con algún tipo de ventaja competitiva duradera que juega a su favor. Todas tienen empresas que experimentarán auges y depresiones que son increíblemente difíciles de valorar. Y en todas habrá profesionales de la inversión faltos de miras, que valorarán mal las empresas y crearán oportunidades para el inversor que apuesta por el valor a largo plazo y lleva a la práctica los principios de Warren.

N.º 73

Las inversiones japonesas fueron sencillas. Había cinco empresas muy importantes, empresas que se podían entender, que pagaban dividendos decentes y recompraban sus acciones, y en las que Berkshire podía gestionar el riesgo de divisa vendiendo deuda denominada en yenes para financiar la venta.[2]

En 2021, Warren invirtió el equivalente a 6.700 millones de dólares en yenes japoneses en cinco grandes «Sogo shosha», es decir, empresas comerciales japonesas: Mitsui & Co., Ltd.; Mitsubishi Corporation; Itochu Corporation; Marubeni Corporation, y Sumitomo Corporation.

Como Japón es una nación insular, sin recursos naturales, depende por completo de la importación de muchos de los materiales necesarios para la manufactura y la vida cotidiana. Entre ellos, algodón, petróleo, gas natural, acero, minerales, carne de vacuno y muchos productos industriales y de consumo fabricados en el extranjero. Las empresas comerciales japonesas facilitan la importación de estos materiales y productos con oficinas internacionales propias y socios comerciales en todo el mundo. También exportan productos fabricados en Japón al resto del planeta.

Estas cinco empresas comerciales tienen un largo historial de aumentar sus ganancias y recomprar sus acciones. Pero lo que de verdad las convertía en inversiones atractivas es que todas pagaban un dividendo de en torno al 2 por ciento, y Warren podía pedir prestado el equivalente en yenes a 6.700 millones de dólares en el mercado de bonos japonés en yenes a un tipo de interés medio del 0,6 por ciento. Eso significa que obtenía un 1,4 por ciento (93,8 millones de dólares) anual con el diferencial entre el 2 por ciento del dividendo que ganaba y el 0,6 por ciento de interés que tenía que pagar (2% – 0,6% = 1,4%). Como el pago de dividendos de las empresas comerciales era en yenes, Warren podía utilizarlo para pagar, también en yenes, los intereses de los bonos denominados en yenes. Así, evitaba que las fluctuaciones monetarias entre el dólar y el yen le afectaran hasta dentro de muchos años, cuando Warren venda las inversiones en Japón y se lleve las plusvalías de Berkshire a Estados Unidos.

A finales de 2023, Berkshire anunció que había vuelto al mercado de bonos japonés y había pedido prestados aún más yenes, incrementando el total de sus préstamos en Japón y en yenes hasta el equivalente a 8.800 millones de dólares. Berkshire también anunció que estaba aumentando su posición en acciones en las cinco empresas comerciales japonesas hasta alrededor del 9 por ciento de todas las acciones en circulación de éstas. En 2024, Warren declaró que Berkshire ya está obteniendo un beneficio de más de 8.000 millones de dólares por su inversión en estas cinco empresas comerciales japonesas.

N.º 74

En el capitalismo, se necesita eficiencia conforme avanza el tiempo.[3]

En una economía de mercado capitalista, la innovación crea nuevas oportunidades de negocio, pero una vez se establecen las primeras empresas, el resto de los competidores se quedan atrapados en una batalla por la eficiencia. ¿Por qué? Porque con el tiempo la eficiencia se traduce en costes más bajos, y los costes más bajos mejoran la rentabilidad de la empresa, lo cual aumenta su competitividad y, a largo plazo, mejora sus posibilidades de sobrevivir en un mercado muy competitivo.

Esta batalla competitiva por la eficiencia se manifiesta con mucha crudeza en la industria de los chips de silicio, que empezó en Silicon Valley, California, un semillero de innovación tecnológica. Al inicio, algunos de los primeros innovadores, como Fairchild Semiconductor, dominaban el mercado de los chips de silicio. Pero con el paso del tiempo, cada vez más competidores empezaron a producir chips de silicio. Estas empresas competían entre sí haciendo chips cada vez más eficientes, introduciendo cada vez más transistores en cada chip. Luego empezaron a competir haciendo que sus métodos de producción fueran más eficientes, de modo que pudieran reducir los costes de producción y bajar los precios para que sus chips fueran más competitivos en el mercado. Entonces, una vez más, en aras de la eficiencia, las empresas trasladaron la producción fuera de Estados Unidos, a países con costes laborales más bajos, como Japón, Corea y Taiwán. Por último, la búsqueda de la eficiencia ha llevado a la industria de los chips de silicio a especializarse al máximo; hay empresas como Intel y Samsung que diseñan, fabrican y venden sus propios chips. Y otras como NVIDIA, Qualcomm y AMD que diseñan y venden chips, aunque éstos los fabrican empresas como TSME, ubicada en Taiwán. En el capitalismo competitivo, la teoría de Charles Darwin de la «supervivencia del más apto» podría reformularse con facilidad como la «supervivencia del más eficiente».

N.º 75

Encontrarás multitud de oportunidades en China. Charlie diría que en China tienes un terreno más fértil que el que tiene una persona con un capital similar en Estados Unidos.[4]

Estados Unidos, cuyo PIB es de 23,02 billones de dólares, tiene entre 6.000 y 7.000 empresas cotizadas en bolsa. China tiene un PIB de 17,7 billones de dólares y 7.679 empresas individuales cotizadas en las bolsas de la China continental y de Hong Kong. Se mire como se mire, el gran número de empresas cotizadas en China, combinado con su fuerte economía, ha duplicado el lucrativo terreno para las futuras inversiones de Warren.

N.º 76

Lo que China ha hecho en los últimos cincuenta o sesenta años es un auténtico milagro económico. Nunca habría pensado que fuera posible. Pero lo cierto es que son tan inteligentes como nosotros, trabajan tan duro como nosotros y su crecimiento económico parte de un nivel más bajo y superará porcentualmente al nuestro durante mucho tiempo. China está destinada a tener un buen futuro económico, al igual que nosotros.[5]

En 1990, Estados Unidos producía el 27 por ciento de los productos manufacturados del mundo y China el 3 por ciento. En la actualidad, China fabrica alrededor del 28 por ciento de los productos mundiales, frente al 16 por ciento de Estados Unidos. China consume el 13 por ciento de los productos mundiales, mientras que Estados Unidos consume en torno al 20 por ciento. China depende de las exportaciones para que su motor económico siga funcionando; Estados Unidos depende de las importaciones para que sus consumidores estén contentos. China tiene superávit comercial; la balanza comercial de Estados Unidos es deficitaria. China tiene 868.000 millones de dólares en valores del Tesoro estadounidense; Estados Unidos posee menos de 1.000 millones de dólares en bonos soberanos chinos. Estados Unidos consume entre el 15 y el 20 por ciento de los productos manufacturados en China. Una guerra económica entre los dos países resultaría devastadora para ambos, porque sus economías están muy interrelacionadas.

N.º 77

Creo sin duda que China y Estados Unidos están destinados a ser superpotencias más allá de la vida de mis bisnietos. Siempre competirán en los negocios y las ideas de todas las maneras posibles... Tenemos que asegurarnos de que esta competencia no nos haga olvidar que un mundo en el que tanto Estados Unidos como China prosperan es el mejor.[6]

Seamos sinceros, los conflictos entre superpotencias son inevitables; forman parte de su naturaleza.

Competirán en los negocios y en las ideas, y lo harán de muchas maneras diferentes y en muchos frentes distintos. Pero no queremos que compitan en una guerra. Eso no beneficia a ninguno. Lo cual es una de las maravillas del capitalismo de libre mercado; cualquier transacción comercial supone un intercambio altruista recíproco y negociado, es decir, tú obtienes lo que querías, yo obtengo lo que quería y ambos nos beneficiamos. Hacemos esto cada vez que entramos en una tienda y compramos algo. Este mismo tipo de transacciones se realizan entre estadounidenses y chinos —directa e indirectamente— un millón de veces al día y la gente de ambos países prospera, lo que satisface a mucha gente en ambos lugares.

Por supuesto, está ese problemático déficit comercial que Estados Unidos tiene con China. Estados Unidos exporta 195.000 millones de dólares en bienes y servicios a China cada año, y China exporta 562.000 millones de dólares en bienes y servicios a Estados Unidos. Lo que significa que Estados Unidos tiene un déficit comercial con China de 367.000 millones de dólares. Pero esta cifra es muy engañosa, porque no incluye el dinero que las empresas estadounidenses ganan haciendo negocios en China a través de sus filiales allí.

Por ejemplo, la empresa estadounidense Yum! Brands —propietaria de KFC, Pizza Hut y Taco Bell— tiene más de 14.102 restaurantes en dos mil ciudades chinas, lo que supone casi el 70 por ciento de sus establecimientos en el mundo. A los chinos les encanta el pollo frito de KFC —diez mil de los restaurantes de Yum en China son de KFC—. El mercado chino supone para Yum casi el 40 por ciento de sus ingresos, que ascienden a 7.040 millones de dólares. Aun así, estos ingresos de Yum en China no se incluyen en el cálculo del déficit comercial entre ambos países. ¿Por qué? Porque el déficit comercial se refiere sobre todo a los bienes físicos que cruzan las fronteras de los dos países. No incluye los diez mil restaurantes KFC que cada año sirven el mejor pollo frito del Coronel Sanders a un tercio de los 1.400 millones de habitantes de China.

Nos gustaría acabar este tema con dos reflexiones finales: (1) un informe de Boston Consulting Group de 2020 estimaba que las empresas estadounidenses obtienen en China unos ingresos de 410.000 millones de dólares por ventas directas similares a las de Yum. Lo que en la práctica borraría el déficit comercial de 367.000 millones de dólares que supuestamente Estados Unidos tiene con China. Y (2) los estadounidenses adoramos nuestros iPhone ensamblados en China (¡un buen trabajo!). Y esperamos que a millones de chinos les siga gustando el delicioso pollo frito de KFC tanto como a nosotros nos gustan los iPhone. Lo cierto es que ambos salimos ganando; todo el mundo contento.

14

Warren Buffett sobre invertir en criptomonedas y oro

N.º 78

Las criptomonedas son como veneno para ratas al cuadrado.[1]

Warren continuó diciendo: «Las criptomonedas no tienen ningún valor subyacente y no producen nada... Podría poseer todos los bitcoins del mundo y la única manera de ganar dinero con ellos sería conseguir que alguien me los comprara... Que no tengan ningún valor comercial intrínseco no impide que la gente quiera jugar a la ruleta... Las criptomonedas acabarán mal».

El dólar estadounidense es a la vez una moneda de papel y una moneda digital. El dinero digital vuela electrónicamente por todo el mundo cada día con sólo pulsar un botón. Siempre que pagas con una tarjeta de débito o crédito estás utilizando dólares digitales.

En Estados Unidos, durante la mayor parte del siglo XX, el dólar en papel estuvo respaldado por oro. El gobierno estadounidense imprimía dólares y esos dólares iban al extranjero, y gente de todo el mundo canjeaba sus dólares por oro estadounidense. Con el tiempo, el Tesoro de Estados Unidos empezó a quedarse sin oro. Así que Estados Unidos dejó de cambiar dólares por oro. Ahora, lo único que respalda al dólar es la ley que dice que éste es una moneda de curso legal para pagar cualquier deuda en Estados Unidos. El hecho de que puedas cambiar tus dólares por un cortacésped nuevo en Walmart o un coche nuevo en el concesionario Subaru es lo que les da valor. Y si usas una tarjeta de crédito para pagar el cortacésped o utilizas un cheque para pagar el coche, estás usando dólares digitales.

A escala internacional, tras la Segunda Guerra Mundial el comercio estadounidense dominó el mundo hasta tal punto que el dólar estadounidense se convirtió en la moneda *de facto* del comercio internacional. Arabia Saudí fija el precio de su petróleo en dólares y espera cobrar en dólares digitales, que se transfieren electrónicamente entre cuentas del Banco de la Reserva Federal.

Sólo hay dos países en el mundo, El Salvador y la República Centroafricana, que reconocen una criptomoneda como moneda de curso legal. En los demás países del mundo es necesario convertir la criptomoneda en moneda local para abonar la factura del hotel, comprar un billete de avión o pagar impuestos. La realidad es que si posees criptomonedas y quieres gastarlas, antes tienes que convertirlas en dólares, euros o alguna otra divisa, lo que significa que tienes que venderlas. No puedes depositarlas en un banco tradicional y ganar intereses con ellas. Su mayor utilidad es su casi anonimato; a las autoridades reguladoras gubernamentales les resulta difícil averiguar quién es propietario de criptomonedas. Se utilizan para facilitar el tipo de transacciones comerciales que algunas personas prefieren mantener en secreto. La criptomoneda no tiene un valor económico inherente. Su único valor de inversión es puramente especulativo y la gente apuesta sobre si su precio —en dólares— subirá o bajará. Y cuando la gente especula sobre algo que no tiene un valor económico inherente, los precios pueden subir mucho, muchísimo, y pueden bajar mucho, muchísimo, hasta llegar a cero. La parte de esa ecuación que a Warren no le gusta es el «cero».

N.º 79

El oro se extrae de la tierra en África o cualquier otro lugar. Luego se funde, cavamos otro agujero, construimos una cámara acorazada y lo enterramos de nuevo. Entonces pagamos a gente para que lo custodie. Cualquiera que nos observara desde Marte estaría desconcertado.[2]

Warren sostiene que si tienes una granja o un edificio de apartamentos, puedes alquilarlos. Si tienes acciones, eres propietario de parte de una empresa que gana dinero. Si tienes 100.000 dólares en efectivo, puedes depositarlos en un banco y ganar intereses con ellos. El oro, sin embargo, es un activo que no produce ingresos. Si tienes oro, tu única esperanza de ganar dinero con él es conseguir que alguien te lo compre en el futuro por más de lo que pagaste por él. Warren siempre ha pensado que invertir en esperanza es muy mala idea.

15

Warren Buffett sobre los peligros de recurrir al apalancamiento/la deuda

N.º 80

En este mundo no necesitas demasiado apalancarte. Si eres listo, puedes ganar mucho dinero sin endeudarte.[1]

Apalancamiento no es más que otra manera de llamar a la deuda. El aliciente para recurrir al apalancamiento (deuda) es que permite a los gestores de *hedge funds* y a los bancos de inversión ganar aún más dinero. Por ejemplo, supongamos que un fondo de inversión tiene invertidos en acciones 200 millones de dólares del dinero de los inversores. Puede coger esos 200 millones de dólares en acciones y conseguir que un banco le preste otros 200 millones de dólares a un interés del 4 por ciento anual. De este modo, ahora el fondo cuenta con un total de 400 millones de dólares para invertir. Si el fondo tiene un buen año y obtiene un retorno del 20 por ciento sobre esos 400 millones de dólares, ganará 80 millones de dólares menos los 8 millones de dólares de intereses, lo que da un rendimiento total de 72 millones de dólares. Y he aquí la magia: un retorno de 72 millones de dólares sobre los 200 millones de dólares de los inversores le da una tasa de retorno del 36 por ciento. Sin el apalancamiento adicional, su rendimiento sólo habría sido del 20 por ciento. De los 5,5 billones de dólares que gestionan los fondos de inversión estadounidenses, alrededor de 2,5 billones son dinero prestado.

Pero existe un peligro: recurrir al apalancamiento no sólo puede aumentar radicalmente las ganancias cuando la situación es favorable, también puede aumentar radicalmente las pérdidas si las circunstancias se vuelven en nuestra contra. Los bancos de inversión utilizan mucho más apalancamiento que los *hedge funds*. ¿Cuánto más? En el momento de quebrar, Lehman Brothers, el famoso banco de inversión de Wall Street, tenía una ratio entre deuda y capital de 28 a 1; una deuda de 618.000 millones de dólares. Cuando las apuestas apalancadas salían bien, el equipo directivo del banco se pagaba a sí mismo bonus de cientos de millones de dólares. Pero cuando la suerte se volvió en su contra, la enorme cantidad de apalancamiento hizo desaparecer 22.000 millones de dólares de recursos propios en cuestión de días, lo que acabó con muchas carreras y obligó a la empresa de 158 años a declararse en quiebra.

Warren siempre ha evitado utilizar grandes cantidades de apalancamiento/deuda con Berkshire. También ha eludido invertir en empresas cuya ratio entre deuda y capital es elevada. El resultado es que Berkshire ha dejado de ganar dinero muy fácil. Aunque también significa que Warren y los accionistas de Berkshire duermen mejor por la noche.

N.º 81

Es probable que tanto Charlie como yo hayamos visto a algunas personas con un coeficiente intelectual muy alto —extraordinariamente alto— destruidas por el apalancamiento.[2]

En esta cita Warren se refiere al colapso de Long-Term Capital Management, un *hedge fund* creado por John Meriwether, un famoso *trader* de bonos de

Wall Street, a finales de los años noventa. En 1994, Meriwether reunió a algunas de las personas más inteligentes de Wall Street y del mundo académico, incluidas doctores en matemáticas y economía, varias de ellas premios nobel. Esas mentes brillantes idearon estrategias para invertir en bonos y derivados en las que se utilizaban unas cantidades tremendas de apalancamiento/deuda que, cuando las cosas iban bien, obtenían unos rendimientos increíbles sobre los recursos propios invertidos de sus socios comanditarios.

El equipo de Meriwether utilizó los diferenciales de los bonos para ganar dinero y al mismo tiempo protegía las operaciones de LTCM del riesgo a la baja. Medían el diferencial histórico entre bonos muy similares, como el diferencial de rendimiento entre los bonos del Tesoro a dos años que se negociaban en enero y marzo. Si el diferencial entre los valores del Tesoro de enero y marzo disminuía o aumentaba mucho en relación con su media histórica, LTCM compraba uno y vendía el otro, y apostaba a que en algún momento futuro el diferencial volvería a cerrarse, lo que siempre ocurría porque en esencia se trataba del mismo bono, sólo que con diferentes fechas de vencimiento.

Con esta estrategia, LTCM solía ganar un 1 por ciento o menos en cada operación. Quizá no parezca demasiado, pero si este 1 por ciento se multiplica por los 124.500 millones de dólares del capital con el que trabajaba, el beneficio obtenido es de 1.240 millones de dólares. Al ganar 1.240 millones de dólares un par de veces al año, los 4.700 millones de dólares que los inversores tenían invertidos en LTCM empezaron a dar un retorno escandaloso. En el segundo año de operaciones, Meriwether obtuvo para sus inversores un retorno del 43 por ciento sobre el capital invertido de 4.700 millones de dólares; y el tercer año, un 41 por ciento. Sin embargo, he aquí el peligro del apalancamiento: LTCM tenía un capital de 124.500 millones de dólares, de los cuales 4.700 millones eran capital de los inversores o socios limitados, pero los otros 119.800 millones se habían pedido prestados a bancos de Wall Street. LTCM era una operación apalancada con una ratio entre deuda y capital de 26 a 1.

¿Por qué un banco de Wall Street prestaría tanto dinero con tan poco capital? Porque LTCM estaba utilizando los bonos que compraba como garantía. Si iba a comprar bonos por valor de 119.800 millones de dólares, usaba éstos como garantía para respaldar un préstamo de los bancos de 119.800 millones de dólares. Por eso a los bancos les parecía seguro prestar a LTCM tanto dinero con tan poco capital.

Todo fue de maravilla durante varios años. Era como si LTCM acuñara dinero para sus inversores. Pero en el verano de 1998, el gobierno ruso sorprendió al mundo al dejar de pagar su deuda pública, devaluar el rublo y declarar una suspensión de pagos a los acreedores extranjeros, todo en la misma semana. Esto provocó un pánico en el mercado de bonos y todos los diferenciales de LTCM dejaron de comportarse como cabía esperar, lo que hizo que la empresa sufriera unas pérdidas enormes, mucho mayores que su capital propio de 4.700 millones de dólares. Entonces, los bancos que habían prestado a LTCM un total de 119.800 millones de dólares pidieron (1) más garantías o (2) recuperar su dinero, pero el *hedge fund* no tenía ni lo uno ni lo otro. De la noche a la mañana, LTCM se declaró insolvente. El Banco de la Reserva Federal de Nueva York intervino y dispuso que un grupo de bancos de Wall Street se hiciera con el control de LTCM, y sus inversores acabaron perdiendo la mayor parte de su inversión de 4.700 millones de dólares.

En este caso, Warren advierte prudentemente que una combinación de personas superinteligentes y grandes cantidades de apalancamiento puede tener un final catastrófico. Podríamos añadir que la combinación de personas con una inteligencia media y grandes cantidades de apalancamiento también puede tener el mismo final trágico.

N.º 82

Cuando se trata de invertir, no existe nada seguro al cien por cien. Por lo tanto, recurrir al apalancamiento es peligroso. Una cadena de cifras fantásticas multiplicada por cero siempre será cero. No cuentes con hacerte rico dos veces.[3]

En esta cita Warren alude a Charlie, que está de acuerdo en que comprar acciones de una empresa con una ventaja competitiva duradera que juega a su favor, en un mercado a la baja, puede aumentar radicalmente las posibilidades de éxito, pero que aun así sabe que no hay nada seguro al cien por cien. Por eso resulta peligroso apalancarse o endeudarse, y es una idiotez absoluta si ya se es rico. Sin embargo, en el mundo de la inversión, esta tragedia se repite una y otra vez.

El apalancamiento ha acabado con algunos gigantes del sector, por ejemplo Lehman Brothers, Bear Stearns, Long-Term Capital Management y Archegos Capital Management (el *family office*, dirigido por Bill Hwang, que se hundió en 2021 debido a que Hwang hizo varias apuestas muy apalancadas en un puñado de valores tecnológicos que salieron mal). Si algunas de las personas más brillantes que han pasado por Wall Street han sido destruidas por el apalancamiento, basta pensar en los resultados desastrosos que podría tener para el resto de nosotros.

16

Warren Buffett sobre vivir una vida más feliz y más productiva

---

N.º 83

Si inviertes en ti mismo, nadie podrá quitarte eso.[1]

Warren cree que la mejor inversión que puede hacer la mayoría de la gente es invertir en sus habilidades o su negocio antes de empezar a invertir en divisas, materias primas, acciones, bonos, ETF y similares. Es fácil perder dinero en los mercados, y el trabajo puede perderse, pero es casi imposible perder la educación, las habilidades o la vocación.

N.º 84

Decidí, bastante pronto en la vida, que mi empleador preferido era yo mismo.[2]

Warren siempre ha sido un feliz autónomo. Cuando aún estaba en primaria, empezó a vender Coca-Cola por las casas a cinco centavos la botella. Estaba tan decidido a ganar dinero que iba en bicicleta al hipódromo para buscar boletos de apuestas desechados por error que pudieran valer uno o dos dólares. Llegó a hacer un folleto con consejos sobre carreras de caballos llamado «Selecciones del mozo de cuadra», que vendía por tres dólares. Con los ahorros de las carreras, compró sus primeras acciones a los once años: tres acciones preferentes de Cities Service a 38,25 dólares la acción. A los quince años repartía periódicos de *The Washington Post*, con lo que ganaba más de 175 dólares mensuales. También compró una máquina de *pinball* usada a los diecisiete y la colocó en una barbería local; con el tiempo llegó a tener un imperio del *pinball* de tres máquinas con las que ganaba 50 dólares a la semana. Cuando en 1947 Warren se fue a la universidad, había amasado la increíble cifra de 9.800 dólares, que si bien hoy quizá no parezcan mucho, en aquella época, en Omaha, habrían servido para comprar una agradable casa de clase media y un coche nuevo.

N.º 85

Si aprendes a comunicarte mejor —por escrito y en persona— aumentas tu valor un 50 por ciento como mínimo. Si no eres capaz de comunicarte, es como si le guiñas un ojo a una chica en la oscuridad. No pasa nada.[3]

Al principio, Warren tenía pánico a hablar en público: «Me aterraba... Si tenía que hacerlo me daban ganas de vomitar, así que hice un curso de Dale Carnegie sobre cómo hablar en público. Me cambió la vida». Warren conserva su preciado diploma de Dale Carnegie enmarcado en la pared de su despacho.

Después de hacer ese curso, Warren dio clases nocturnas en la Universidad de Nebraska para practicar sus habilidades oratorias. Dos de sus primeros inversores, los doctores Bill y Carol Angle, estaban en esas clases y aquel joven les impresionó tanto que le dieron 30.000 dólares para su fondo de inversión. Cuando, a finales de los años sesenta, Warren cerró su fondo, los Angle le siguieron a Berkshire Hathaway. En 2010, su inversión inicial de 30.000 dólares valía más de 300 millones de dólares en acciones de

Berkshire. Si los Angle tuvieran hoy sus acciones de Berkshire, su valor superaría con mucho los 1.000 millones de dólares.

N.º 86

La única manera de lograr que te quieran es hacerte querer. Es algo que resulta muy irritante cuando tienes mucho dinero. Te gustaría pensar que puedes extender un cheque: «Compro un millón de dólares de amor». Pero no funciona así. Cuanto más amor das, más recibes.[4]

Warren ha dicho que tuvo un padre muy cariñoso y una madre algo distante. Pero su primera esposa, Susie, era la Reina del Amor. Retrataba a los amigos y familiares con cariño. Su hogar en Omaha, una casa de clase media-alta, siempre estaba abierta para cualquier vecino que pasara por allí. Si tenías un mal día podías ir a casa de los Buffett y ella te recibía con una sonrisa llena de afecto. Fue Susie quien enseñó a Warren que el amor engendra amor. Y aunque ya no está con nosotros, Warren sigue irradiando la calidez y el amor que ella compartía con todos.

Y que conste que, hasta el día de hoy, Warren sigue viviendo en la misma casa donde él y Susie criaron afectuosamente a sus tres hijos.

N.º 87

Si te relacionas con gente que se comporta peor que tú, no tardarás en verte arrastrado en esa dirección.[5]

Warren defiende que hay que relacionarse con gente más inteligente que tú y que tus héroes sean personas excepcionales; ellas te harán mejor persona, no alguien peor. Si no puedes ser su amigo, dice, «elige a la persona que más admires, siéntate y escribe las razones por las que la respetas... Nada más sencillo que intentar averiguar qué es lo que te parece apreciable y luego decidir que la persona a la que realmente te gustaría admirar eres tú mismo. Y la única manera de hacerlo es asumir las cualidades de otras personas a las que admiras». Las personas a las que Warren más ha admirado a lo largo de su vida son Howard, su padre, que era corredor de bolsa; el famoso jugador de béisbol Ted Williams; y Benjamin Graham, el decano de Wall Street. El béisbol le enseñó el amor por las estadísticas, su padre le enseñó a ser honrado y lo introdujo en el mercado de valores, y Graham le enseñó a ganar una fortuna comprando empresas infravaloradas. Desde entonces, Warren no ha dejado de tener éxito.

N.º 88

Si encuentras pruebas que contradicen tus creencias, anótalas o tu mente las ignorará. La gente se resiste mucho ante las pruebas nuevas.[6]

La mente es un bioordenador eficiente que, una vez que ha tomado una decisión, se resiste a cambiarla. La razón biológica de que esto sea así es que si cambiásemos constantemente de opinión, nunca conseguiríamos hacer nada, lo que en última instancia sería perjudicial para nuestra supervivencia. Anotar la información contraria nos obliga a abordarla directamente y configura un software de aprendizaje que sopesa lo nuevo frente a lo viejo. Warren experimentó este fenómeno cuando abandonó el método de inversión de Graham —comprar empresas a la mitad de su valor contable— y empezó a hacer inversiones a largo plazo en empresas excepcionales que tenían algún tipo de ventaja competitiva duradera. Al principio, a Warren le costó hacer el cambio, pero tenía a Charlie recitando el nuevo mantra cada vez que se daba la vuelta y, al final, lo logró.

N.º 89

Nunca he conocido a nadie que fuera buena persona y muriera sin amigos, pero he conocido a mucha gente con dinero que murió sin amigos y sin su familia.[7]

A Warren le gusta contar la historia de Tom Murphy, quien, como ya hemos dicho, fue CEO de Capital Cities Communications. Tom hizo que Capital Cities dejara de ser un canal de televisión único y se convirtiera en un imperio mediático que acabó engullendo a American Broadcasting Company, una empresa mucho más grande, y que luego se fusionó con Disney, que era aún mayor. Warren dice que, en todos los años que trabajó con Tom, nunca le vio hacer nada desagradable. Tom siempre pecaba de amable. Ése era uno de los secretos de su éxito. Warren se tomó esto en serio e hizo que la amabilidad fuera uno de los secretos de su éxito cuando trabajaba con otras personas.

N.º 90

Debes elegir un cónyuge que sea mejor que tú… ¡y confiar en que no se dé cuenta demasiado rápido![8]

Warren continuó diciendo: «Bromas aparte… Debes relacionarte con gente que sea la clase de persona que te gustaría ser. En ese sentido, la persona más importante con diferencia es tu cónyuge. No puedo exagerar lo importante que es… casarse con la persona adecuada. Lo digo en serio. Supondrá una gran diferencia en tu vida. Cambiará tus aspiraciones, todo tipo de cosas». No todos tendremos la suerte de contraer matrimonio con la persona adecuada. Sin embargo, Warren sí la tuvo. Cuando tenía veintiún años, se casó con Susan Thompson, la encantadora hija de diecinueve años de un profesor universitario local. Warren tuvo que pedirle prestado el coche a su tía para llevar a Susie de luna de miel. Fueron a Las Vegas y se alojaron en el famoso Flamingo Hotel & Casino, dirigido entonces por un amigo de la familia de Omaha llamado Jackie Gaughan, que tuvo la amabilidad de pagar la estancia de los recién casados. Warren, al ver a toda esa gente bien vestida apostar de manera estúpida su dinero, cuando él sabía que las probabilidades de ganar estaban claramente en su contra, tuvo un momento de inspiración y le dijo a su joven novia: «¡Vamos a ser ricos!». A menudo Warren le reconoce a Susie el mérito de haberle ayudado a dejar de ser aquel empollón con el pelo rapado de los años cincuenta y convertirse en el sofisticado mago de las finanzas que es hoy.

N.º 91

Cómo definiría el éxito... Si la gente que te quiere es la gente que quieres que te quiera, entonces has tenido éxito... Puedes tener todo el dinero del mundo, hospitales y bibliotecas con tu nombre, pero si no le importas a nadie, en mi opinión, no has tenido éxito.[9]

Warren tenía una amiga en Omaha llamada Bella Eisenberg, una judía polaca que sobrevivió a los campos de concentración nazis cuando era adolescente. Un día ella le dijo que tardaba en hacer amigos porque cada vez que conocía a alguien se preguntaba: si vinieran otra vez a por los judíos, ¿esta persona me escondería?

Cuando Warren habla con grupos de estudiantes de MBA, en ocasiones le preguntan qué entiende él por éxito. Suele responder con la historia de Bella y acaba diciendo: «Si tienes mucha gente en tu vida que te escondería, yo diría que has tenido éxito».

N.º 92

Los ricos invierten en tiempo; los pobres, en dinero.[10]

Esta cita tiene algo de paradójico *kōan* [acertijo del maestro] zen. Pero en realidad es muy sencilla. Los ricos tienen todas las cosas materiales que el dinero puede comprar. Lo que no tienen —y no pueden comprar— es más tiempo. Así que se gastan millones en aviones privados para no perder el tiempo en un aeropuerto público. Contratan a caros médicos *boutique* para que les atiendan y no tener que perder tiempo en una sala de espera, con la esperanza de recibir una atención médica mejor y vivir más tiempo. Los pobres, por su parte, intentan conseguir todo el dinero que pueden. Invierten su dinero en cosas con las que esperan ganar más dinero, de modo que también ellos puedan volverse lo bastante ricos y lo bastante neuróticos como para empezar a invertir su dinero en conseguir más tiempo.

N.º 93

En Salomon Brothers, casi todo el mundo estaba descontento con lo que cobraba. Y les pagaban mucho dinero. Estaban decepcionados porque si miraban lo que ganaba un compañero, y era más, eso los volvía locos.[11]

Salomon Brothers fue en su momento uno de los grandes bancos de inversión de Wall Street. En 1987, Warren y Charlie compraron acciones preferentes convertibles de Salomon por valor de 700 millones de dólares, que pagaban un interés anual del 7 por ciento. En 1991, uno de los *traders* de bonos de Salomon, que quería ganar aún más dinero —de los millones que ya le pagaban—, amañó el sistema a su favor, infringió la ley y le pillaron. Eso estuvo a punto de hundir al banco. Warren y Charlie intervinieron y se pusieron al frente de la firma. Warren se convirtió en su presidente. Lo que se encontraron nuestros dos héroes fue un mar de envidia disfuncional. Todo el mundo sabía lo que cobraban sus compañeros, y se volvían locos si al de al lado le pagaban más, hasta el punto de que asumían riesgos innecesarios en las operaciones y podían infringir la ley. Warren y Charlie creen que la envidia es el más necio de los siete pecados capitales, porque hace que uno se sienta mal consigo mismo, mientras que los otros seis —el orgullo, la avaricia, la ira, la pereza, la gula y la lujuria— pueden hacerte sonreír.

N.º 94

Me he dado cuenta de que la verdadera ventaja de la riqueza heredada es que te permite odiar con mucha más eficacia. Si has heredado una enorme cantidad de riqueza y estás enfadado con tu hermano, o con un primo, puedes contratar a abogados e ir a por ellos. Mientras que el resto de nosotros nos limitamos a desdeñarlos en Acción de Gracias.[12]

El problema es que, cuando la riqueza se hereda, la gente no experimenta el sufrimiento ni el esfuerzo que supone trabajar un año tras otro para conseguirla. Es mucho menos probable que quienes han obtenido su riqueza trabajando duro se permitan los elevados costes legales que implica resolver las disputas interfamiliares con demandas. En parte, la razón por la que las personas con «riqueza heredada» son tan litigiosas es que ésta suele privarles de la autoestima que se gana con el trabajo honesto, por lo que siempre están buscando una manera de redimirse a través de alguna batalla imaginaria que sus abogados, a cambio de unos honorarios, consentirán de muy buena gana. Además, no suelen tener ningún problema en tirar el dinero. Al fin y al cabo, siempre ha sido gratis. Por el contrario, la gente que se ha hecho rica por su cuenta sabe que hay cosas mucho mejores que hacer con el dinero, por ejemplo, invertirlo para hacerse aún más rica.

N.º 95

Las dos cosas que no se pueden comprar son el tiempo y el amor... Yo he tenido mucha, muchísima suerte en la vida, porque he podido controlar mi tiempo en un grado extremo. Charlie también ha valorado siempre eso. Por eso queríamos tener dinero, para poder hacer lo que nos diera la gana con nuestra vida.[13]

Charlie Munger expresó esto mismo así: «Al igual que Warren, deseaba con pasión hacerme rico, no porque quisiera Ferraris; lo que quería era independencia. La quería con desesperación. Me parecía indigno tener que enviar facturas a otras personas. No sé de dónde saqué esa idea, pero la tenía. Quería hacerme rico para ser independiente, como lord John Maynard Keynes».

Lord John Maynard Keynes fue un aristócrata, filósofo, economista e inversor de éxito británico, muy influyente, que vivió entre 1883 y 1946. Se le considera uno de los economistas más importantes del siglo XX: las «medidas económicas keynesianas» siguen configurando las políticas económicas del mundo. Su libro *Teoría general del empleo, el interés y el dinero*, publicado en 1936, ejerció una gran influencia tanto en Warren como en Charlie.

N.º 96

Escribe tu obituario y luego intenta averiguar cómo estar a su altura.[14]

Warren dice esto en serio. Se trata de un ejercicio intelectual pensado para que utilices tu imaginación y te propongas objetivos vitales en los que trabajar. Todo viaje comienza con un destino imaginado. Si no puedes imaginar que sucede algo, es probable que nunca ocurra. Pero si puedes imaginarlo y estás dispuesto a trabajar duro para conseguirlo, pueden suceder todo tipo de cosas mágicas. Incluso que un adolescente empollón que reparte periódicos se convierta en la sexta persona más rica del mundo.

17

Warren Buffett sobre algunas cosas que deben evitarse y algunos posibles peligros que tal vez surjan en el futuro

N.º 97

Cuanto más fácil parece, más peligrosa es la especulación.[1]

En 1969, Warren se dio cuenta de que el mercado de valores había perdido por completo el contacto con la realidad y estaba asignando a las empresas unos precios increíblemente altos. Todo el mundo ganaba dinero con mucha facilidad; sólo había que comprar acciones de una empresa y ver cómo subía la inversión.

En lugar de cambiar su filosofía de inversión, que consistía en comprar empresas infravaloradas, Warren lo vendió todo, cerró su sociedad de inversión y convirtió la mayor parte de su dinero en efectivo.

Como hemos mencionado antes, su amigo Charlie Munger, que también dirigía una sociedad de inversión, siguió invirtiendo, disfrutando de la vertiginosa subida. Entonces llegó el crac financiero de 1973-1974 y Munger perdió la mitad del dinero de sus inversores. Warren, que había esperado pacientemente fuera del mercado durante varios años, se encontró en 1973 cargado de efectivo y viendo cómo de repente había acciones que se vendían a precios ridículamente bajos. «Me sentí como un hombre sexualmente frustrado que de pronto se despierta en medio de un harén», diría después.

N.º 98

Comprar activos arriesgados para obtener una mayor rentabilidad es muy estúpido, pero también es muy humano.[2]

Warren se refiere a la rentabilidad de los bonos. Los bonos arriesgados pagan un rendimiento más alto para compensar una mayor probabilidad de impago. Si se produce el impago de los bonos, ¡no recuperarás tu dinero! Los compradores de bonos que buscan rentabilidades cada vez más altas asumen cada vez un mayor riesgo de impago. Los bonos a cinco años más seguros que puedes comprar son los del Tesoro de Estados Unidos. Supongamos que los bonos del Tesoro pagan un 5 por ciento, pero quieres un tipo más alto, y los bonos basura a cinco años están pagando un 10 por ciento. Así, por 100.000 dólares en bonos, con valores del Tesoro a cinco años obtendrás 5.000 dólares anuales y estarás cien por cien seguro de que recuperarás tu dinero cuando los liquides. Con los bonos basura obtendrás 10.000 dólares anuales, aunque sólo tendrás un 60 por ciento de posibilidades de recuperar todo tu dinero cuando vayas a liquidarlos. Puedes comprar bonos basura y obtener una mayor rentabilidad, pero acabas asumiendo mucho más riesgo de impago, lo que significa que podrías perder toda la inversión de 100.000 dólares. Warren no cree que por el rendimiento adicional que dan los bonos basura merezca la pena asumir el riesgo adicional de perder toda la inversión. O como a él le gusta decir: «La primera regla de la inversión es no perder el dinero. Y la segunda regla de la inversión es no olvidar la primera».

N.º 99

Los sacerdotes de las finanzas desean vehementemente enseñar lo que ellos saben y tú no sabes, algo que les llevó mucho tiempo aprender y quizá requiere saber bastantes matemáticas. Y en realidad eso no tiene nada que ver con tener éxito en la inversión.[3]

El volumen del mercado de opciones estadounidense es de unos 10.200 millones de contratos anuales. Se estima que entre el 80 y el 90 por ciento de los contratos de opciones acaban incumpliéndose. Sin embargo, en el mundo académico se dedica una enorme cantidad de energía a crear modelos matemáticos e intentar mejorar esas probabilidades. Los contratos de opciones más largos que existen se llaman LEAPS y vencen tres años después de haberse suscrito. A Warren las opciones no le sirven, porque no hay contratos de opciones a diez años que pueda comprar o vender y que le den el control de 400 millones de acciones de Coca-Cola o 907 millones de acciones de Apple. Un inversor particular tampoco cuenta con una manera rentable de tener una posición a diez años en acciones de Apple utilizando opciones para controlar siquiera mil acciones. Pero hay cientos de fórmulas matemáticas que un inversor puede utilizar para intentar mejorar las probabilidades de que sus contratos de opciones no expiren sin ejecutarse.

N.º 100

No creemos que, en un año dado, la probabilidad de que los derivados provoquen o acentúen algún trauma financiero sea necesariamente muy alta. Pero creemos que el peligro está ahí... Conozco a algunos directivos de empresas que tienen importantes operaciones con derivados, y no tienen muy claro lo que está pasando.[4]

Hay cuatro tipos principales de contratos de derivados: las opciones, los futuros sobre materias primas, los futuros sobre los tipos de interés y los *swaps*. El Banco de Pagos Internacionales estima que el valor nocional o nominal del mercado mundial de derivados asciende a 632 billones de dólares. Lo cual es, aproximadamente, seis veces la economía mundial, que es de unos 105 billones de dólares. ¿Y cuál es la exposición de los bancos estadounidenses al riesgo de los derivados? En 2023, el valor nocional total de los contratos de derivados que tenían los bancos estadounidenses era de 221,9 billones de dólares, una cifra mayor que la capitalización bursátil de todo el mercado de valores mundial, que es de 109 billones de dólares, y mayor que el valor total del mercado de bonos mundial, que es de 133 billones de dólares. Pero si eres un banco, lo mejor es que ese mercado mundial de derivados de 632 billones de dólares puede ser extremadamente complejo y no estar bien regulado en algunas partes del mundo, lo que significa que muchas veces son los *traders* del banco quienes llevan las riendas. Sólo en Estados Unidos, en 2022 los bancos comerciales se embolsaron unos ingresos por operaciones de 42.000 millones de dólares, gran parte de los cuales procedían de la comercialización de derivados. Como los contratos de derivados son tan complejos, Warren cree que muy pocas personas en el gobierno, el mundo académico o los propios bancos son plenamente conscientes de todos los posibles peligros que implican. Esto le ha llevado a decir que los complejos contratos de derivados son «armas financieras de destrucción masiva» en potencia.

N.º 101

Todos los días, el mundo lanza una moneda al aire para ver si las personas que pueden destruirlo tal y como lo conocemos lo harán.[5]

En esta cita Warren se refiere a la amenaza de destrucción nuclear del planeta. Él cree que el instinto de supervivencia y la amenaza de destrucción mutua hacen que las probabilidades de que esto ocurra sean remotas. Sin embargo, sigue existiendo una posibilidad, pequeña, de que algo se tuerza y alguien, una nación, lance un arma nuclear contra otra. O que una célula terrorista consiga armas nucleares y las utilice. Además, contra todo pronóstico, los accidentes ocurren. Y cuantos más países del mundo tengan armas nucleares, mayor es la probabilidad de que se utilicen. No se trata de si puede ocurrir, sino de cuántas veces se lanza la moneda al aire antes de que suceda. Y eso debería aterrarnos a todos.

18

Warren Buffett sobre invertir en empresas tecnológicas

N.º 102

En Berkshire, no intentamos elegir a los pocos ganadores que surgirán de un océano de empresas que están sin probar. No somos lo bastante listos para hacer eso, y lo sabemos.[1]

¿Recuerdas la burbuja de internet de finales de los años noventa, cuando internet se estaba apoderando del mundo y todas las empresas de internet eran lo último? Pues bien, Warren no poseía entonces ni una de esas acciones de «internet». Al ser preguntado por el motivo, contó una historia sobre los inicios de la industria del automóvil: durante los primeros veinte años de la industria automovilística hubo más de 1.900 fabricantes de automóviles estadounidenses, pero hoy sólo quedan tres. Luego dijo que él no era lo bastante listo para distinguir entre los miles de nuevas empresas de internet a las ganadoras de las perdedoras. Dieciocho años más tarde, analizó a los ganadores y eligió uno —Apple— y a principios de 2024 había obtenido un beneficio de unos 145.800 millones de dólares con su inversión en Apple. A quienes saben esperar, las cosas les salen bien.

N.º 103

Apple es mejor negocio que cualquiera de nuestros otros negocios... La gente paga 1.000 dólares por un iPhone de Apple y 35.000 por un segundo coche; si tuviera que renunciar a uno u otro, renunciaría al segundo coche.[2]

Warren considera que Apple es una empresa global con múltiples productos y que ocupa una parte de la mente de los consumidores. Los fundamentos económicos del negocio de Apple aumentaron el entusiasmo de Warren por la empresa.

Entre los años 2012 y 2016, Apple aumentó sus ganancias al pasar de 1,59 dólares por acción a 2,08 dólares por acción, lo que suponía una tasa de crecimiento anual compuesto de aproximadamente el 5 por ciento. Con unos beneficios por acción de 2,08 dólares —y pagando un precio medio de 34 dólares por acción— Warren podía sostener que compró un «bono de capital de Apple» con una tasa de retorno inicial del 6,1 por ciento (2,08 dólares ÷ 34 dólares = 6,1 %) cuya tasa de crecimiento anual era del 5 por ciento. Además, Apple tenía una posición de caja neta de 143.000 millones de dólares y estaba recomprando agresivamente sus acciones. La enorme posición de efectivo le indicaba a Warren que la empresa había tenido mucho éxito, tenía dinero de sobra para desarrollar nuevos productos y no necesitaba financiarse mediante deuda. Las recompras de acciones significaban que Apple iba a aumentar la participación de Berkshire en la empresa un año tras otro sin que él tuviera que gastar ni un centavo más. Para Warren, todo esto se sumaba al hecho de que Apple era una buena compra a 34 dólares por acción, o 16 veces los beneficios por acción, y adquirió 907 millones de acciones de la empresa, que empezó a vender en 2024 cuando consideró que estaban sobrevaloradas.

N.º 104

Me equivoqué al tomar una decisión sobre Google... No era que lo que estaban haciendo fuera un misterio para mí. El misterio era cuánta competencia surgiría y lo efectivos que serían, y si se convertiría en un juego en el que lucharían cuatro o cinco empresas que no ganarían tanto dinero como si dominara una única empresa.[3]

Warren estaba al tanto de Google antes de que saliera a bolsa. GEICO se gastaba una considerable suma de dinero en promocionar sus páginas web en el motor de búsqueda de Google. Además, sus fundadores, Larry Page y Serguéi Brin, fueron a Omaha para ver a Warren y hablar con él sobre la posibilidad de sacar su empresa a bolsa. Warren no invirtió en ella porque no estaba seguro de cómo sería la competencia en el futuro. Recuerda que en su momento había muchos motores de búsqueda en internet luchando por la atención de los consumidores. AltaVista, Yahoo, MSN y Google competían entonces entre sí. Warren no sabía cuál vencería, y no se sentía capaz de elegir al ganador, así que decidió no invertir.

Google acabó ganando la contienda y hoy tiene una cuota del 92 por ciento del mercado de las búsquedas en ordenadores de sobremesa y del 83 por ciento del mercado de las búsquedas en móviles. Es el líder indiscutible del mercado mundial de búsquedas en internet. Su empresa matriz, Alphabet Inc., es la propietaria de YouTube y en Estados Unidos el 62 por ciento de los usuarios de internet accede a YouTube a diario. Alphabet tiene una rentabilidad financiera del 25 por ciento y ha estado recomprando sus acciones; ambas cosas podrían resultarle atractivas a Warren. Tiene 155.000 millones de dólares en efectivo e inversiones a corto plazo —su deuda es el 17 por ciento de su posición de efectivo—, lo que también podría satisfacer a Warren. Y —esto es superimportante— es uno de los desarrolladores más sólidos y agresivos del mundo de inteligencia artificial generada por ordenador. Si la IA es la próxima gran máquina de hacer dinero, Alphabet será un actor importante. Es fácil sostener que la empresa tiene una ventaja competitiva duradera en múltiples mercados. Creemos que para Warren el único problema es el precio de las acciones. Alphabet tiene un PER de 26, pero si alguna vez éste bajara a alrededor de 16, hay muchas posibilidades de que empezáramos a ver que Alphabet está en la cartera de acciones de Berkshire. Con Warren el proceso siempre sigue dos pasos:

1. la empresa adecuada
2. al precio adecuado. Podría decirse que Alphabet es la empresa adecuada, ahora es una simple cuestión de precio.

N.º 105

Tenemos muchas ganas de hacer proyectos de energía eólica o solar... Si mañana alguien apareciese con un proyecto de energía solar que cueste 1.000 o 3.000 millones de dólares, estamos dispuestos a hacerlo... Cuantos más haya, mejor... Estamos convirtiendo Iowa en la capital mundial de la energía eólica, la Arabia Saudí del viento.[4]

Berkshire Hathaway Energy (BHE) tiene 3.400 turbinas eólicas en Iowa, que abastecen a 2,3 millones de hogares con energía limpia renovable, y en Nevada produce suficiente energía solar para abastecer a más de un millón de hogares. En Estados Unidos, la factura media mensual de electricidad de un cliente residencial es de 133,21 dólares, mientras que con BHE la factura media mensual es de 110,52 dólares, un 17,04 por ciento inferior. Los ingresos medios de explotación de BHE son de 26.000 millones de dólares anuales y obtiene 3.100 millones de beneficios antes de impuestos. Lo que hace que esta inversión en recursos renovables sea atractiva para BHE son los créditos fiscales del gobierno. Sólo en los tres últimos años, ha recibido cerca de 6.000 millones de dólares en beneficios fiscales netos, lo que ha reducido a cero los impuestos a pagar durante ese tiempo. Para Warren, ¡no hay otro negocio como el de las energías renovables!

N.º 106

En la IA no habrá nada que pueda sustituir a los genes… La IA puede cambiarlo todo en el mundo, excepto cómo piensan y se comportan las personas… Creo que eso es extraordinario, pero no sé si será beneficioso.[5]

Por desgracia, la última vez que la ciencia dejó salir al genio de la botella el resultado fue la energía nuclear. Y el gran logro que conseguimos con ella fue crear suficientes bombas nucleares para destruir el mundo cien veces. Los humanos y sus brillantes invenciones. ¿Será diferente con la inteligencia artificial? A Elon Musk, uno de los fundadores de OpenAI, le aterran las oscuras perspectivas de la IA y está presionando mucho para que los gobiernos la regulen. Eso funcionó de maravilla con la energía nuclear; de ahí todas las bombas. Lo más probable es que la IA se militarice y se desarrolle algún tipo de carrera armamentística de inteligencia artificial. La IA es el futuro de la guerra. Albert Einstein dijo en una ocasión: «Mientras haya naciones soberanas que tengan un gran poder, la guerra es inevitable». Así es la naturaleza del hombre, que ni siquiera la IA puede cambiar.

Lo curioso del desarrollo de la IA es que, a diferencia de la energía nuclear, no está siendo desarrollada por científicos del gobierno, sino por el sector privado. Los principales actores son Alphabet (Google) y Microsoft (vinculada a OpenAI). Lo cual significa que estas dos empresas serán probablemente los dos mayores ganadores económicos de la futura revolución de la IA.

19

Warren Buffett sobre el futuro y la dinámica empresarial de Berkshire Hathaway

N.º 107

En definitiva, Berkshire debería demostrar su valía con el tiempo... y merece mantener su configuración actual. Tiene muchos atributos que se maximizan al ser una sola entidad, cosa que la gente no acaba de entender.[1]

Berkshire Hathaway es técnicamente un conglomerado de empresas, pero lo que en realidad ha creado Warren es una enorme «compañía de seguros» bien capitalizada, con setenta filiales de seguros diferentes, con sede tanto en Estados Unidos como en el extranjero, cuyos activos ascienden a algo más de 250.000 millones de dólares en efectivo y valores del Tesoro a corto plazo, 353.000 millones de dólares en acciones y sesenta y cinco empresas propias que no tienen que ver con los seguros y que generan unos ingresos anuales de miles de millones. Un año cualquiera, los negocios de seguros de Berkshire pueden sufrir una pérdida supercatastrófica —por ejemplo, un huracán de categoría 5 que azote Florida—, pero el grupo empresarial seguirá siendo rentable gracias a los ingresos milmillonarios producidos por las demás empresas que posee. Berkshire también asegura a otras compañías de seguros del mundo a través de su «negocio de reaseguros». En 2007, la National Indemnity Company de Berkshire Hathaway proporcionó a Lloyd's of London una póliza de reaseguro de 7.200 millones de dólares y también reaseguró 20.000 millones de dólares de los pasivos a largo plazo de AIG.

En cambio, la mayoría de las otras aseguradoras invierten sobre todo en bonos de renta fija y acciones preferentes, que pierden valor real con la inflación. Pero como Berkshire tiene una cartera de empresas excepcionales con una ventaja competitiva duradera, libertad para asignar precios y bajas necesidades de capital, el valor real de sus negocios aumenta con la inflación. Este grado de capitalización y la propiedad de tantas empresas que no son aseguradoras son únicos en el sector de los seguros. Y eso da a Berkshire una ventaja competitiva a largo plazo que no tiene ninguna otra compañía de seguros del mundo. Dicho con más claridad: Warren ha convertido Berkshire en una fortaleza de capital, con los medios financieros necesarios para resistir la ira de los dioses y salir indemne.

N.º 108

Berkshire compra empresas con excelentes directivos al frente. En muchos casos, hemos visto a esas personas trabajar durante décadas. Hemos visto su historial, y forman parte del negocio. Nuestro trabajo, pues, no consiste tanto en seleccionar buenos directivos, porque conocemos su reconocida trayectoria. Nuestro trabajo es retenerlos.[2]

Warren siempre dice que si una empresa no viene con una buena dirección, no la quiere, porque no puede contratar buenos directivos, ya que son muy difíciles de conseguir. Warren suele extender un cheque de cientos de millones de dólares a un empresario o directivo por toda su empresa. ¿Por qué, entonces, estos nuevos multimillonarios iban a querer seguir trabajando? Porque su autoestima y su felicidad están ligadas a la dirección de «su» empresa. Ésta es una de las razones por las que venden su negocio a Warren y no a una empresa de capital de inversión o un competidor. Se lo venden a Warren, reciben un cheque millonario y él les deja seguir dirigiendo «su» negocio como si nada hubiera cambiado. La Sra. B, antigua propietaria de Nebraska Furniture Mart, siguió trabajando tras la venta de su empresa a Berkshire hasta los ciento tres años. Warren hace que los directivos de las empresas le envíen una carta cada dos años diciéndole a quién debería poner al frente del negocio si al día siguiente ellos cayeran fulminados ante la caja registradora. Aparte de eso, la empresa sigue siendo su bebé, hasta que el mundo se acabe o ellos mueran.

N.º 109

Lo verdaderamente importante es recomprar acciones sólo cuando creas que, al precio al que lo haces, el valor para los accionistas que quedan será mayor en el momento posterior a la recompra que en el momento anterior.[3]

Warren recomprará las acciones de Berkshire si cree que eso añade valor para los accionistas restantes, en comparación con el valor (efectivo) al que renuncian al recomprar las acciones. Imagina que hay cuatro accionistas y que la empresa que poseen tiene un valor contable de cuatro millones de dólares. Por lo tanto, puede decirse que para cada accionista el valor es de un millón de dólares. Si la empresa compra su parte a un accionista por un millón de dólares, la empresa tendría tres accionistas y un valor contable restante de tres millones de dólares, y el valor para cada uno de los accionistas que quedan seguirá siendo de un millón de dólares. La compra de un accionista no añade ningún valor a los otros tres accionistas.

Si la empresa le compra su parte a un accionista por 1,3 millones de dólares, después tendría tres accionistas y un valor contable restante de 2,7 millones de dólares, y el valor para cada uno de los accionistas que quedan sería de 100.000 dólares menos. En este caso, pagar 300.000 dólares más que el valor contable del accionista, que es de un millón de dólares, destruye valor para los accionistas restantes.

Sin embargo, si la empresa compra su parte a un accionista por 700.000 dólares, entonces tendrá tres accionistas y un valor contable restante de 3,3 millones de dólares, y el valor para cada uno de los accionistas que quedan será de 100.000 dólares más. En este caso, pagar 300.000 dólares menos que el valor contable del accionista, que es de un millón de dólares, añade valor para los accionistas restantes.

Cuando en 1965 la sociedad de inversión de Warren adquirió por primera vez una participación mayoritaria de Berkshire, esta última tenía 1.137.778 acciones en circulación y la sociedad controlaba el 54 por ciento de la empresa. Durante los tres años siguientes, Warren utilizó la recompra de acciones de Berkshire y la compra en el mercado libre para conseguir que su sociedad tuviera una participación aún mayor en Berkshire. A finales de 1967, Berkshire había reducido el número de acciones en circulación a 985.482 y había aumentado la participación mayoritaria de Warren en la empresa hasta el 69 por ciento.

En cuanto a las recompras de acciones más recientes de Berkshire, Warren considera que el valor intrínseco de Berkshire vale bastante más que su valor contable, de modo que está dispuesto a pagar más que el valor contable por acción, siempre que pueda comprar por debajo del valor intrínseco por acción de Berkshire. En 2018, Warren recompró acciones de Berkshire al 146 por ciento de su valor contable por acción y pagó 310.000 dólares por acción de clase A. En 2019, recompró acciones de Berkshire al 127 por ciento de su valor contable por acción y pagó 333.000 dólares por acción de clase A. En 2020, recompró acciones de Berkshire al 119 por ciento de su valor contable por acción, y pagó 468.000 dólares por acción de clase A. En 2021, Warren recompró acciones de Berkshire al 128 por ciento de su valor contable por acción y pagó 439.000 dólares por acción de clase A. En 2022, recompró acciones de Berkshire al 144 por ciento de su valor contable por acción y pagó 468.000 dólares por acción de clase A. (Para determinar el valor contable por acción, se toma el valor de los recursos propios que figura en el balance y se divide por el número de acciones en circulación.) En todas las ocasiones, Warren aumentó el valor de la participación de los accionistas.

N.º 110

Berkshire tiene una enorme ventaja... y es que en Berkshire tenemos un sistema mediante el que podemos asignar capital sin que eso tenga repercusiones fiscales.[4]

See's Candies gana más de lo que puede gastar en sus operaciones, por lo que Warren utilizó el excedente de efectivo de See's para ayudar a Berkshire a comprar BNSF Railway. También utilizó parte del excedente de efectivo de See's para que Berkshire comprara acciones de Apple. Cuando Berkshire sacó el efectivo de See's para utilizarlo en otro lado, lo hizo sin incurrir en ningún impuesto de transferencia. Puede hacer esto con todas las empresas de su propiedad. Puede asignar capital libre de impuestos entre sus diferentes empresas. Incluso puede utilizar su efectivo libre de impuestos para comprar otras empresas. A esta ventaja fiscal se suma que Berkshire posee muchas empresas de nicho, que en realidad no tienen capacidad de crecimiento, por lo que Warren puede utilizar su excedente de efectivo para comprar otros negocios. La mayoría de las empresas dedican su excedente de efectivo a intentar ampliar las operaciones existentes o comprar a un competidor. Nunca se les ocurre que con el excedente de efectivo pueden comprar un negocio completamente diferente, pero mejor.

La primera vez que Warren hizo esto fue con la propia Berkshire Hathaway. En 1967, Berkshire era una empresa en dificultades en un sector textil que agonizaba lentamente. En lugar de reinvertir el excedente de efectivo de Berkshire en su negocio textil, Warren lo utilizó para comprar la National Indemnity Company. Más tarde, sacó efectivo de la National Indemnity para comprar Nebraska Furniture Mart, de la que sacó efectivo para comprar Borsheims, de la que sacó efectivo para comprar Dairy Queen, de la que sacó efectivo para poder comprar Acme Brick Company, de la que sacó efectivo para comprar Shaw Industries (alfombras). Ha continuado con este proceso, una y otra vez, hasta hoy, cuando Berkshire posee sesenta y siete empresas diferentes con un total de 260 filiales.

Lo que impide a otros CEO reinvertir los beneficios retenidos en negocios completamente distintos es la predisposición a quedarse en el negocio en el que han ganado todo su dinero. El CEO de una petrolera quiere comprar otra petrolera, no quiere adquirir una empresa de pinturas, como hizo Warren cuando compró Benjamin Moore.

Los fabricantes de ladrillos son fabricantes de ladrillos, los fabricantes de velas son fabricantes de velas, los fabricantes de alfombras son fabricantes de alfombras, y nunca se mezclarán, a menos que Warren los compre. Y el secreto es que, aun después de que Berkshire las compre, siguen siendo empresas que operan de manera independiente y sus directivos no pasan de una compañía a otra. En muchos sentidos es como si Berkshire no las hubiera adquirido, hasta que Warren aparece para recoger el excedente de efectivo que ganan y utilizarlo después para comprar otra empresa, y otra empresa, y otra... Y así es como Warren convirtió a Berkshire en el gigante que es hoy.

N.º 111

La prosperidad futura de nuestro país depende de contar con un sistema ferroviario eficiente y bien mantenido. Por otro lado, Estados Unidos debe crecer y prosperar para que al ferrocarril le vaya bien. La inversión de 34.000 millones de dólares que Berkshire ha hecho en BNSF Railway es una gran apuesta por esa empresa y por el sector ferroviario. Y lo que es más importante, es una apuesta total por el futuro económico de Estados Unidos.[5]

En 2009 Warren realizó la mayor adquisición en la historia de Berkshire, la compra por 34.000 millones de dólares de la BNSF Railway Company. ¿Por qué entonces? ¿Y por qué no antes? Durante más de cien años, el sector ferroviario había sido muy competitivo y había necesitado mucho capital, además de no ser muy rentable. Ninguna de estas cualidades había atraído a Warren y Charlie.

Pero con el tiempo la situación empezó a cambiar en ese sector. A través de un proceso de consolidación —una compañía de ferrocarril compra otra compañía de ferrocarril—, en 2009 había cinco grandes empresas ferroviarias en Estados Unidos que controlaban el 80 por ciento del mercado nacional del transporte de mercancías por ferrocarril. Aunque ninguna tenía un monopolio absoluto en todo el país, se desarrollaron nichos regionales que dieron lugar a cuasi monopolios. BNSF acabó dominando el noroeste del país y, en el proceso, se volvió muy rentable.

BNSF Railway es la mayor empresa ferroviaria de Estados Unidos por ingresos —23.800 millones de dólares en 2023— y la mayor por kilómetros de vías controlados —52.300 kilómetros—. Transporta una tonelada de mercancías a lo largo de 756 kilómetros con sólo 3,785 litros de diésel. Un tren de mercancías típico de BNSF sustituye aproximadamente a 280 camiones en la carretera. Y por tonelada/kilómetro de mercancías trasladadas, el ferrocarril emite a la atmósfera muchas menos emisiones peligrosas que el transporte de mercancías por carretera. Aunque sigue necesitando mucho capital, BNSF gana mucho dinero, y lo seguirá haciendo al menos durante los próximos cien años. Y eso es lo que atrajo a Warren y Charlie cuando fueron por ella.

N.º 112

Compramos See's Candies por 25 millones de dólares y nos ha dado más de 2.000 millones de ingresos antes de impuestos que hemos utilizado para comprar otras empresas. Si hubiéramos tratado de invertir todas las ganancias retenidas dentro del sector de las golosinas, creo que habríamos cometido un error.[6]

Una de las primeras lecciones sobre negocios que aprendieron Warren y Charlie es que algunas empresas funcionan bien en un pequeño nicho regional, pero tienen pocas posibilidades, o ninguna, de ampliar sus operaciones más allá de ese nicho. See's Candies es una de ellas. Opera sobre todo en la costa oeste de Estados Unidos y el 70 por ciento de sus tiendas se encuentran en California. Aunque hay tiendas en algunas ciudades importantes, las que ha abierto en otros lugares del país nunca han tenido éxito. Al final se dieron cuenta de que, en lugar de seguir malgastando el dinero, era más inteligente utilizar los beneficios retenidos de See's para comprar otras empresas. Curiosamente, muchas de las empresas que compraron eran también negocios de nicho que generaban mucho dinero pero tenían pocas oportunidades de reinversión. Algunas como Nebraska Furniture Mart y Borsheims fueron al principio una tienda única que hacía que Berkshire ganara mucho dinero que podía reinvertirse en otros lugares. Un aspecto interesante de estas empresas de nicho es que, aunque tenían una ventaja competitiva duradera en sus ciudades o estados de origen, nadie las quería por su limitado potencial de crecimiento, de modo que a menudo se vendían a precio de ganga en comparación con las que sí tenían potencial de crecimiento. Cabe señalar que con el tiempo Nebraska Furniture Mart acabó expandiéndose fuera de Omaha, a otras ciudades, pero esto sólo ocurrió cuando Berkshire empezó a acumular grandes cantidades de excedente de efectivo que había que colocar.

N.º 113

En 1967 Berkshire pagó dividendos: 0,10 dólares por acción. Fue un gran error. Mientras yo iba al baño y estaba ausente, los demás directores votaron a favor.[7]

Una de las «herramientas» de ingeniería financiera con la que Warren crea valor para los accionistas es la decisión de no pagar dividendos. Berkshire no ha pagado uno desde 1967. Los dividendos sacan dinero en efectivo del negocio, lo cual tal vez sea acertado para algunas empresas, si ganan más dinero del que pueden utilizar en la expansión de su negocio y no saben encontrar otros usos para el dinero de los accionistas. Pero ése no es el caso de Warren. Él no tiene ningún problema para encontrar otros usos a las ganancias retenidas de Berkshire que añadan valor a la empresa, ya sea comprando otras empresas, invirtiendo en acciones cotizadas o financiando corporaciones con dificultades. Al no pagar nunca dividendos y retener y reinvertir todas sus ganancias, Berkshire ha añadido más de 600.000 millones de dólares a los recursos propios y ha visto cómo el precio de sus acciones de clase A pasaba de 20 dólares por acción en 1967 a 715.000 dólares por acción en 2024.

N.º 114

El criterio para saber si deben pagarse dividendos es si puedes seguir creando más de un dólar de valor bursátil por cada dólar que retienes.[8]

El criterio de Warren para saber si hay que pagar dividendos es sencillo: en el estado financiero de Berkshire, ve a «balance consolidado», luego busca «recursos propios» y debajo encontrarás «ganancias retenidas». Ésta es la cantidad de beneficios después de impuestos que Berkshire ha retenido en la empresa desde sus inicios. A principios de 2024, Berkshire declaró que el total de sus ganancias retenidas era de 650.000 millones de dólares.

El siguiente paso consiste en determinar la capitalización bursátil de la empresa, para lo cual se toma el número de acciones en circulación y se multiplica por el precio de mercado de la acción en el momento actual. En el caso de Berkshire, tiene dos clases de acciones: 567.775 acciones de clase A, cuyo valor de mercado total es de 405.900 millones de dólares, y 1.310.561.508 acciones de clase B, cuyo valor de mercado total es de 622.500 millones de dólares, lo que da a Berkshire una capitalización bursátil total de 1,02 billones de dólares (405.900 millones de dólares + 622.500 millones de dólares = 1,02 billones de dólares). La capitalización bursátil de Berkshire cambiará diariamente con la variación del precio de las acciones de clase A y de clase B.

Las ganancias retenidas totales de Berkshire eran de 650.000 millones de dólares, que han generado un valor de mercado de 1,02 billones de dólares para sus acciones. Esto significa que, por cada dólar que retuvo, Berkshire creó 1,56 dólares de valor de mercado para sus acciones. Según Warren y su criterio para saber si pagar dividendos, si alguna vez la capitalización bursátil de las acciones de Berkshire fuera inferior al total de sus «ganancias retenidas», entonces sería el momento de que la empresa empezara a replantearse el pago de dividendos. Warren dice: «Si llega un momento en que creemos que no podemos utilizar el dinero con eficiencia para crear más de un dólar de valor de mercado por cada dólar retenido, entonces debería hacerse el pago».

N.º 115

Insisto en que, casi todos los días, se dedique mucho tiempo a simplemente sentarse y pensar. Eso es muy poco habitual en el mundo empresarial estadounidense. Leo y pienso. Leo y pienso más y tomo decisiones menos impulsivas que la mayoría de la gente de negocios. Lo hago porque me gusta este tipo de vida.[9]

Charlie Munger, el socio de Warren durante más de sesenta años, describió en una ocasión la vida de Warren como casi monástica. Como se ha señalado, Warren ha vivido en la misma casa de clase media-alta durante sesenta y cinco años. Ha conducido casi tres kilómetros todos los días para ir a la misma oficina durante los últimos cincuenta años. Come en los mismos restaurantes, pide la misma comida, un año tras otro. No tiene mansiones ni coches caros. Tuvo una casa en la playa en California cuando los niños eran pequeños, que vendió cuando éstos se hicieron adultos. Tiene un avión corporativo para viajar. Pero conduce hasta el aeropuerto. Cuando Warren era joven, si ibas a visitarle a Omaha, lo más probable es que él mismo te recogiera en el aeropuerto. En realidad, sólo le gusta hacer dos cosas durante el día: leer mucho —unas quinientas páginas diarias— y comprar empresas, muchas empresas. Y dispone de un fondo destinado a eso de más de 250.000 millones de dólares en efectivo para invertir cuando encuentra la empresa adecuada.

Ah, casi lo olvidamos, a Warren también le encanta jugar al *bridge* online y es un gran aficionado del equipo de fútbol americano de Nebraska: nunca se pierde un partido.

N.º 116

Berkshire sin mí es lo mismo que conmigo, yo no aporto mucho valor.[10]

En esta cita, Warren subestima humildemente su influencia como guía y elemento cohesionador de las más de setenta empresas activas que ha reunido. Pero una vez más, hay mucho de cierto en su afirmación. Todas las empresas que ha adquirido para Berkshire durante los últimos cincuenta y nueve años son excelentes negocios con algún tipo de ventaja competitiva duradera a su favor, que hace que tengan unos resultados operativos muy superiores a la media. Además, la manera descentralizada en que Warren ha dirigido Berkshire ha dado lugar a setenta empresas operativas muy independientes, con setenta CEO muy competentes gestionándolas, con algunos de los cuales Warren hace años que no habla, lo que demuestra el grado de confianza que tiene en ellos. Puede que Berkshire sea propietaria de estas empresas, pero ninguna depende de Warren para mantener su motor económico funcionando a máxima velocidad. Así que, si cuando Warren fallezca —pasados los cien años— tienes acciones de Berkshire, nuestro consejo es el siguiente: ¡siéntate y sigue disfrutando!

N.º 117

Cuando me haya ido, creo que la responsabilidad de la asignación de capital en Berkshire debería recaer en Greg (Able). Él entiende las empresas extremadamente bien, y si entiendes las empresas, entiendes la inversión en acciones ordinarias.[11]

Greg Able es el heredero obvio de Warren, elegido por el propio Buffett, para tomar las riendas de Berkshire cuando Warren ya no dirija la empresa. (Pensamos que será cuando haya superado con mucho el siglo de vida.)

Greg es un excelente gestor que ha sido CEO de la división de energía de Berkshire desde 2008 y vicepresidente de las operaciones de Berkshire que no tienen que ver con los seguros desde enero de 2018. Su capacidad de gestión es incuestionable. Sin embargo, entre los accionistas de la empresa ha surgido cierta preocupación sobre quién tomará las decisiones de inversión cuando Warren se haya «retirado». Sobre esto, Warren dice que Greg es la persona que ha elegido para tomar esas decisiones de inversión. Si Greg se limita a seguir los principios de inversión de Warren —que hemos descrito en este libro—, a los accionistas de Berkshire todavía les esperan muchos años buenos.

N.º 118

Tenemos dinero para comprar acciones de Berkshire por valor de 100.000 millones de dólares. Si las acciones de Berkshire se abaratan, en relación con su valor intrínseco, no dudaríamos en gastar esos 100.000 millones de dólares.[12]

En el tercer trimestre de 2024, Berkshire Hathaway tenía algo más de 250.000 millones de dólares en efectivo, equivalentes de efectivo y valores del Tesoro a corto plazo. En 2022, Berkshire informó de que no recompraría sus acciones si su colchón de efectivo caía por debajo de los 30.000 millones de dólares. Necesita esos 30.000 millones de dólares para operar con comodidad sus muchos negocios incluso en las peores situaciones. Esto significa que Berkshire podría gastar fácilmente como mínimo 100.000 millones de dólares en recomprar acciones si sus acciones empezaran a venderse por debajo de su valor intrínseco. Nosotros sostenemos —basándonos en el histórico de las recompras de acciones de Berkshire— que su valor intrínseco está entre un 20 y un 30 por ciento por encima de lo máximo que Warren ha pagado por las acciones de Berkshire en el pasado, que es el 146 por ciento de su valor contable por acción.

Creemos que una de las razones por las que Berkshire ha acumulado una enorme cantidad de efectivo —250.000 millones de dólares— es que Warren está planeando hacer una última gran compra a precio de ganga desde la tumba. Cuando se haya ido al gran mercado bursátil del cielo y la única manera de contactar con él sea a través de un tablero *ouija*, es probable que el precio de las acciones de Berkshire caiga mucho. Y si el precio de las acciones cae por debajo de su valor intrínseco, el nuevo CEO de Berkshire —canalizando el espíritu de Warren— lanzará la madre de todas las recompras de acciones y podría recomprar el 30 por ciento o más de las acciones de Berkshire. Lo que hará aún más ricos a los restantes accionistas de Berkshire, los que mantuvieron la fe.

20

Warren Buffett sobre trabajar con éxito con otras personas en los negocios

N.º 119

Me gusta que la gente confíe en mí. Prefiero hacer lo que hago con socios que yo solo sentado en una habitación, aunque así podría ganar más dinero.[1]

Warren empezó invirtiendo el dinero de otras personas y llevándose una parte de los beneficios. En los primeros años de Buffett Partnership, hizo algo inaudito: sólo cobraba una comisión si su sociedad superaba lo que los inversores podían obtener con su dinero en una cuenta de ahorro, que entonces era el 4 por ciento. Dirigió la sociedad entre 1956 y 1969 y nunca perdió dinero en esos años. Obtuvo una tasa media de retorno anual compuesto del 29,5 por ciento antes de comisiones y del 24,5 por ciento después de comisiones. Muchos de sus primeros socios acabaron siendo sus amigos y accionistas en Berkshire Hathaway. Hoy, Berkshire tiene más de tres millones de accionistas individuales a los que Warren llama socios accionistas. Y durante los últimos cincuenta y tres años, en la junta anual de Berkshire, Warren responde a las preguntas de los socios accionistas; ha llegado a hacerlo durante seis horas seguidas. En su cabeza, no importa lo grande que se haga Berkshire, sigue siendo una sociedad, y él sigue siendo el socio gerente en el que confían sus socios.

N.º 120

Alaba por el nombre, critica al sector.[2]

Las palabras más agradables que alguien puede oír son los elogios. Al receptor le caerás bien al instante. Es una de las maneras más fáciles de hacer amigos. Pero a nadie le gusta oír críticas. La crítica es una manera rápida de hacer un enemigo de por vida.

Warren, que supervisa a muchos CEO de las numerosas empresas de Berkshire, casi ha convertido esta cita en un credo. No duda en elogiar a la gente por su nombre, pero si tiene que hacer una crítica, la hace por sectores. En varias ocasiones, Warren ha dicho a los veinte mil accionistas que asisten a la reunión anual de Berkshire que el presidente y CEO de JPMorgan Chase —Jamie Dimon— es brillante y uno de los mejores del negocio bancario. Sin embargo, cuando durante la crisis financiera de 2008 se refería a los bancos de inversión de Wall Street, evitaba nombrar a nadie y se limitó a decir que los banqueros habían asumido tontamente demasiados riesgos y hecho estupideces que acabaron hundiendo sus bancos.

N.º 121

Siempre puedes mandar a alguien al infierno mañana.[3]

Tom Murphy, director de Capital Cities Communications, fue quien le dio a Warren este consejo de gestión. Si te enfadas con alguien con quien trabajas y le mandas al infierno, de repente tienes que trabajar con alguien que está enfadado contigo, y que puede seguir enfadado contigo durante mucho tiempo.

Lo cual hace que el ambiente de trabajo no sea muy agradable. Lo mismo ocurre con el correo electrónico y los mensajes de texto: te dejas llevar por las emociones y, antes de que te des cuenta, estás soltando una ocurrencia de la que probablemente te arrepentirás enseguida. Y no puedes volver atrás en el tiempo y borrarlo. Lo que nos trae a la memoria un consejo paternal similar que Warren dio a sus tres hijos cuando eran niños: «Es más fácil no meterse en líos que salir de ellos».

N.º 122

Si alguien que trabaja para ti carece de integridad, te conviene que sea tonto y vago.[4]

Porque si es inteligente, enérgico, trabajador y creativo, pero carece de integridad, te engañará gracias a las cuatro primeras cualidades. Peter Kiewit Jr., presidente de Kiewit Corporation, una de las mayores constructoras de América del Norte, le enseñó a Warren este dicho popular al inicio de su carrera. Warren ha alquilado su oficina de Omaha, donde Berkshire tiene su sede, a Kiewit Corporation desde 1962. Kiewit fue un referente para muchos miembros de la comunidad empresarial de Omaha, incluido Warren.

N.º 123

Tienes que entender cómo la gente manipula a otras personas y evitar la tentación de hacerlo.[5]

En este libro no trataremos de enseñarte cómo la gente manipula a otras personas. Pero podemos decirte cuál es el libro que Warren y Charlie leyeron y les enseñó cómo unas personas manipulan a otras: *Influencia. La psicología de la persuasión*. Su autor, el doctor Robert B. Cialdini, dedicó su vida a estudiar y escribir sobre la persuasión. Léelo y aprende a detectar si alguien está utilizando técnicas de persuasión para manipularte. Aunque, por favor, sigue el consejo de Warren e intenta no utilizar estas técnicas. No llegarás muy lejos si eres considerado un manipulador en quien no se puede confiar.

N.º 124

**Si cada día te pasas ocho horas trabajando,
lo más importante no es cuánto dinero ganas,
sino cómo te sientes durante esas ocho horas,
por lo que respecta a la gente con la que
te relacionas y lo interesante que te resulta
lo que estás haciendo.[6]**

Piénsalo por un momento: una persona está despierta, de media, unas 120 horas semanales; si 40 de esas horas las pasa en el trabajo, podríamos decir que pasamos en él un tercio de la vida adulta que estamos despiertos. Si no nos gusta la gente con la que trabajamos, la vida puede convertirse rápidamente en una existencia miserable, aunque ganemos mucho dinero.

Warren siempre ha aconsejado a los jóvenes que elijan un empleo que les interese y que trabajen para personas que les gusten y a las que respeten. Así, levantarse por la mañana e ir a trabajar les ilusionará, disfrutarán de lo que hacen y les resultará interesante. Ése es el primer paso para vivir una vida feliz y plena. Pero ¿qué hay del dinero?

Si uno ama lo que hace, es probable que llegue a lo más alto de su profesión. Warren no ganó dinero cuando trabajaba para Benjamin Graham en Wall Street, pero le encantaba lo que hacía. Jeff Bezos empezó Amazon vendiendo libros desde su garaje, trabajando sesenta horas a la semana y durmiendo a menudo en el escritorio, pero le encantaba la resolución de problemas y la creatividad que implicaba construir algo completamente nuevo. J. K. Rowling era una madre soltera que vivía de ayudas sociales cuando se inspiró para escribir *Harry Potter y la piedra filosofal*. Si te dedicas a algo que te gusta, el dinero llegará. Y si no llega, qué más da, estás disfrutando de tu vida laboral, y ¿cuánta gente puede decir eso?

N.º 125

La diferencia entre las personas que tienen éxito y las personas que de verdad tienen éxito es que las segundas dicen que no a casi todo. Tienes que controlar tu tiempo y no podrás hacerlo a menos que digas que no. En la vida, no puedes dejar que la gente te organice la agenda.[7]

En cualquier profesión, el éxito genera demanda y a menudo esas demandas se traducen en peticiones de tu tiempo. Te piden que te unas a juntas benéficas, que participes en causas políticas, que formes parte de comités de supervisión o que des discursos, todo lo cual te quita tiempo del trabajo, la profesión o la actividad que te ha hecho triunfar. Para las personas apasionadas, como Warren, el tiempo nunca es suficiente. Para quienes se aburren, el tiempo nunca se acaba. Para las personas que realmente tienen éxito el tiempo jamás es suficiente, incluso cuando aprenden a decir que no.

Es interesante señalar que Steve Jobs, el fundador de Apple, tenía una opinión muy similar sobre decir que no. Declaró: «La gente cree que centrarse significa decir que sí a aquello en lo que tienes que centrarte. Pero no significa eso en absoluto. Significa decir que no a otras cien buenas ideas. Tienes que elegir con cuidado. Yo estoy tan orgulloso de las cosas que no hemos hecho como de las que hemos hecho. Innovar es decir no a mil cosas».

N.º 126

Creo que la cultura empresarial tiene que venir de arriba, tiene que ser coherente, tiene que formar parte de las comunicaciones escritas, hay que vivirla; y cuando se sigue, debe recompensarse, y penalizarse cuando no. Además, se necesita mucho mucho tiempo para que sea realmente sólida.[8]

¿Cuál es, exactamente, la cultura empresarial de Berkshire? Su principio más importante es un profundo compromiso con la descentralización. Las empresas que son propiedad de Berkshire funcionan con notable autonomía. Los CEO tienen un control casi ilimitado sobre sus respectivas empresas.

Este enfoque se debe a la creencia de Buffett de que la «confianza» saca lo mejor de las personas. Warren considera a sus CEO como administradores, no como subordinados, lo cual potencia el espíritu emprendedor. Esta falta de microgestión permite que los numerosos directivos de Berkshire puedan adaptar con libertad los objetivos de ventas y de producción para responder directamente a sus mercados.

Otro elemento de la cultura empresarial de Berkshire es un compromiso firme con la conducta ética. En una ocasión, Warren declaró: «Si pierdes dinero con la empresa, seré comprensivo; si pierdes una pizca de su reputación, seré implacable». Este *ethos* impregna todos los aspectos de Berkshire y sus muchas empresas y configura las interacciones con los clientes, los socios y los accionistas. Los directivos priorizan un buen trato al cliente, el establecimiento de relaciones duraderas basadas en la confianza mutua y la transparencia. Esta brújula moral no sólo protege del daño reputacional, sino que genera satisfacción en el cliente, lo que conduce a la fidelización del cliente y un crecimiento sostenible.

Y por último, está el compromiso de Berkshire con una perspectiva a largo plazo. Warren anima a los CEO de Berkshire a pensar con años de antelación, a dar prioridad a la creación de valor duradero frente a los fugaces beneficios a corto plazo. Esto libera a los directivos de las cadenas que suponen las presiones trimestrales y les permite centrarse en la innovación, el desarrollo de los empleados y unas adquisiciones estratégicas que no tienen por qué producir beneficios inmediatos, y en sentar las bases para un mañana más rentable.

Pero tampoco nos confundamos, todos los aspectos de la cultura empresarial de Berkshire tienen como objetivo último aumentar la riqueza de los accionistas añadiendo a la empresa valor a largo plazo.

21

Warren Buffett sobre el futuro de Estados Unidos y la política estadounidense

N.º 127

Nunca apuestes contra Estados Unidos.[1]

Warren tomó prestada esta cita de J. P. Morgan, el famoso financiero del Wall Street de la Edad Dorada, quien, cuando le preguntaron cómo había conseguido hacerse tan rico, respondió: «Nunca apuesto contra Estados Unidos». Lo interesante es que esta estrategia de inversión le funcionó muy bien a J. P. Morgan en 1890 —le gustaba comprar acciones durante las crisis financieras— y le funcionó 118 años después a Warren, a quien también le gusta comprar acciones durante las crisis financieras.

N.º 128

No creo que haya que preocuparse por el agotamiento del ingenio estadounidense.[2]

Warren continuó diciendo: «Nuestra economía y nuestra gente, nuestro sistema, han logrado con notable ingenio los 160 millones de puestos de trabajo que tenemos ahora, cuando desde 1776 hemos estado ideando maneras de deshacernos de puestos de trabajo». En 1820, había 7,7 millones de personas —el 79 por ciento de los estadounidenses— trabajando en granjas, que alimentaban a una población de 9,6 millones. En 2023, había 2,2 millones de personas —el 1,3 por ciento de la población activa estadounidense— dedicadas a la agricultura, que alimentaban a una población de 334 millones. Si no fuera por los avances de la tecnología y la robótica (tractores, cosechadoras, etcétera), Estados Unidos necesitaría 260 millones de personas trabajando en granjas para alimentar a su población. Podría sostenerse que los avances de la tecnología y la robótica liberaron a 258,8 millones de estadounidenses de las tareas agrícolas y ganaderas para que pudieran hacer otras cosas, como trabajar para suscitar la revolución de los ordenadores centrales (1940-1960), la revolución de los miniordenadores (1960-1980), la revolución de los ordenadores personales (1970-1990), la revolución de la informática móvil (finales de la década de 1990-actualidad) y la revolución de la computación en la nube (2000-actualidad), en la que 2,2 millones de estadounidenses trabajan en granjas de servidores y centros de datos, muchos de los cuales funcionan con electricidad generada por los parques eólicos de energía renovable de Berkshire.

Aunque muchos trabajos siguen siendo tediosos y aburridos, lo mejor de estos avances de la tecnología y la robótica es que los estadounidenses pasaron de trabajar setenta y dos horas semanales en 1820 a treinta y ocho horas semanales en 2023. Lo cual les deja más tiempo para disfrutar de su familia, sus amigos y el increíble mundo en el que vivimos.

N.º 129

Deberíamos hacerlo mejor por la gente que se ha quedado atrás, por nuestro sistema capitalista, pero no creo que debamos acabar con el sistema capitalista, la gallina de los huevos de oro que lleva poniendo huevos desde 1776.[3]

El capitalismo es una de las maneras en que una civilización asigna su energía y sus recursos, utilizando una forma de distribución de mercado en la que la gente vota con su dinero si una empresa tendrá o no éxito. Debido a su naturaleza creativa, el capitalismo tiene un lado destructivo. Cuando la nueva tecnología sustituye a la antigua, se crean nuevos puestos de trabajo y los antiguos se vuelven obsoletos y desaparecen. Esto funciona bien hasta que una planta de fabricación se traslada de un país a otro y la gente no puede seguir a su puesto de trabajo. Quienes pierden esos empleos suelen encontrar otros nuevos, pero muchos se quedan atrás, porque la mano de obra no puede fluir internacionalmente como lo hace el capital. Al capital no le afectan las fronteras nacionales; fluye libre y rápidamente a través de ellas, buscando en cada rincón de la tierra el mayor rendimiento posible para una inversión. El trabajo no tiene esta libertad. La persona que pierde un trabajo bien pagado en una fábrica de Indiana debido a una nueva planta en China no puede trasladarse al otro país. Las leyes de inmigración chinas no lo permitirían. Está atrapada en Estados Unidos.

Históricamente, si los abusos del capitalismo no se abordan pueden desembocar en disturbios políticos, una planificación gubernamental centralizada y la nacionalización de empresas privadas. Podría sostenerse que fueron los abusos del capitalismo los que desencadenaron la Revolución rusa de 1917, la Revolución china comunista de 1949 y la Revolución cubana de 1959, que dieron lugar a una economía comunista que sustituyó al sistema capitalista. En Estados Unidos y Reino Unido, los fracasos del capitalismo y el sufrimiento que provocaron llevaron a la socialización gradual de algunas partes de la economía. Por ejemplo, en Estados Unidos se promulgó la Seguridad Social en 1935, en respuesta al desempleo masivo durante la Gran Depresión. Y Reino Unido nacionalizó sus industrias del carbón y el acero, e instauró la asistencia sanitaria nacional gratuita en el período entre 1945 y 1951.

Pero como Rusia y China aprendieron con el tiempo, la planificación gubernamental centralizada y la nacionalización de empresas privadas impide que el flujo de capital llegue a nuevas empresas innovadoras y conduce a un planteamiento retrógrado de la industria y el comercio. Lo cual crea un nivel de vida inferior al del mundo capitalista. O, como observó en una ocasión un amigo de Warren, Bono, el músico del grupo de rock U2: «Es divertido cuando, como activista, te das cuenta de que la rampa para salir de la pobreza extrema es la del comercio y el capitalismo empresarial».

Warren cree sinceramente que, para que la gallina de los huevos de oro del capitalismo siga haciendo prodigios en Estados Unidos, es necesario que exista una red de seguridad para los trabajadores estadounidenses que se quedan atrás. De modo que también ellos puedan seguir disfrutando de la gran riqueza del país, incluso cuando el que ha sido su puesto de trabajo durante los últimos treinta años se traslada a China.

N.º 130

Me gusta preguntarle a un candidato qué es aquello de lo que está a favor y a lo que se oponen la mayoría de sus seguidores.[4]

Parece una pregunta trampa. Pero no lo es. Es la manera que tiene Warren de descubrir cuáles son las verdaderas pasiones de un candidato. También le indica su grado de valentía y convicción. ¿Renunciará el candidato a algunos votos por aquello en lo que cree honestamente y demostrará que tiene la fuerza personal para ponerse delante de la multitud y decir «No, no vamos a hacer eso. Aunque me cueste las elecciones»? En un político, esa convicción personal es algo raro y hermoso.

N.º 131

A lo largo de los años he votado a ambos partidos, pero normalmente voto a los demócratas, aunque no soy un demócrata de carné, pero sí un capitalista de carné.[5]

El querido padre de Warren fue un congresista republicano muy conservador de Nebraska y cabía esperar que su hijo siguiera sus pasos, y así fue durante un tiempo. Pero a medida que se hacía mayor, y más rico, Warren fue poniéndose cada vez más del lado de los demócratas en cuestiones sociales. Consciente de que ningún candidato ha salido elegido únicamente con el voto de los milmillonarios, Warren suele unirse a sus colegas capitalistas y vota a quienes apoyan a las empresas estadounidenses, con independencia de su afiliación política.

N.º 132

Honestamente, vivimos en un país tan bueno que tus hijos y tus nietos vivirán mucho mejor que tú, aunque entremedias algún que otro idiota lo gobierne de vez en cuando.[6]

Por favor, consuélate con este pensamiento la próxima vez que un idiota gane unas elecciones presidenciales.

N.º 133

La Declaración de Independencia era un documento aspiracional —y hemos avanzado mucho en la consecución de esas aspiraciones—, pero aún nos queda mucho camino por recorrer.[7]

Cuando se firmó la Declaración de Independencia, el 4 de julio de 1776, las mujeres no podían votar y el país tenía un sistema económico del viejo mundo que aceptaba la esclavitud. Hasta 1865 no se abolió definitivamente la esclavitud en Estados Unidos y hubo que esperar hasta 1920 para que las mujeres estadounidenses tuvieran derecho al voto. Hasta 1949 Harvard no permitió que las mujeres estudiaran Derecho, y aun entonces limitó su número a treinta. No se eliminó esa cuota hasta 1969. Hasta 1967 el Tribunal Supremo dictaminó leyes que prohibían los matrimonios interraciales al considerarlos inconstitucionales. Hubo que esperar hasta el año 2000 para que Alabama derogara sus leyes sobre matrimonios interraciales.

La primera CEO de una empresa Fortune 500 fue Katharine Graham. En 1963, Graham ocupó el puesto de su difunto marido y se convirtió en CEO de The Washington Post Company. El primer CEO afroamericano de una empresa Fortune 500 fue el Dr. Clifton R. Wharton Jr., quien, en 1987, asumió las funciones de presidente y CEO de TIAA-CREF, uno de los principales proveedores de servicios financieros para educadores y otros trabajadores sin ánimo de lucro.

Warren vivió estos momentos históricos y defendió activamente muchos de los cambios sociales y económicos que prepararon el camino para que se produjeran esos avances. Asesoró personalmente a Katharine Graham sobre las complejidades de Wall Street, con lo que contribuyó a asegurar su éxito.

Y ha donado millones para apoyar innumerables causas que han luchado de manera incansable por la realización de este noble ideal estadounidense: «Que todos los hombres son creados iguales; que son dotados por su Creador de ciertos derechos inalienables; que entre éstos están la vida, la libertad y la búsqueda de la felicidad».

Epílogo

Warren Buffett sobre la filantropía

N.º 134

Más del 99 por ciento de mi riqueza se destinará a la filantropía durante mi vida o cuando muera... La reacción de mi familia, y la mía propia, ante nuestra extraordinaria buena fortuna no es de culpabilidad, sino de gratitud.[1]

A lo largo de su vida, Warren ha donado miles de millones de dólares a la beneficencia; de hecho, ya ha regalado más de la mitad de sus acciones originales de Berkshire Hathaway. Hace poco, en junio de 2024, convirtió alrededor de 900 acciones de clase A y más de 13 millones de acciones de clase B de Berkshire Hathaway. Casi 9,3 millones de acciones serán para la Fundación Gates. Las restantes se destinarán a las cuatro asociaciones benéficas de la familia Buffett: la Fundación Susan Thompson Buffett, la Fundación Sherwood, la Fundación Howard G. Buffett y la Fundación NoVo.

Además, el hijo de Warren, Howard, ha destinado más de 500 millones de dólares de la fortuna de su padre a fines humanitarios en una Ucrania devastada por la guerra. Se han construido un hospital y un centro de rehabilitación para civiles y soldados amputados en la guerra, se han gastado 87 millones de dólares en retirar minas antipersona, se ha financiado un programa nacional de comedores para que los niños puedan volver a la escuela, se han invertido decenas de millones en la sustitución de maquinaria agrícola dañada por la guerra para que los agricultores puedan volver a cultivar alimentos y, hasta la fecha, se ha financiado la sustitución de más de 120.000 ventanas destrozadas por las bombas para que la gente pueda volver a sus casas y vivir en ellas en invierno.

N.º 135

Me gusta creer que puedo pensar fuera de la caja, pero no estoy seguro de que pueda hacerlo cuando esté a dos metros bajo tierra, ni que lo haga mejor que las tres personas que están arriba y en las que confío plenamente.[2]

En junio de 2024, Warren anunció que cuando fallezca, su fortuna, cuya estimación supera los 130.000 millones de dólares, irá a un fideicomiso benéfico gestionado por sus tres hijos adultos: Howard Buffett, Suzie Buffett y Peter Buffett. Las condiciones del fideicomiso establecen que los tres deben estar de acuerdo sobre cualquier desembolso benéfico que se haga. Así queda garantizado que, con el paso del tiempo, siempre habrá un Buffett al frente del fideicomiso mientras viva alguno de sus tres hijos. La única instrucción que ha dado Warren es que los miles de millones de dólares del fideicomiso «se utilicen para ayudar a la gente que no ha tenido tanta suerte como nosotros».

Esperamos sinceramente que aquéllos de vosotros que utilicéis las enseñanzas de Warren para obtener una gran riqueza consideréis seguir su pasión y la de su familia por la filantropía y las obras benéficas.

Nuestros mejores deseos,

MB y DC

Agradecimientos

Ante todo, queremos dar las gracias a nuestras familias —Erica, Nicole y Sam; Kate, Dexter y Miranda— por su infinita paciencia y amor durante las muchas horas que dedicamos a escribir este libro. Ambos estamos muy agradecidos a nuestros maravillosos editores de Scribner, Rosalind Lippel y Colin Harrison, que nos guiaron hábilmente a lo largo del proceso de escritura y edición. Mary quiere darle especialmente las gracias a su querida hermana, Laura SirMons, y a su preciada amiga Christine Engelhardt. Y por último, aunque no por ello menos importante, ambos estamos eternamente agradecidos a los tan queridos Warren Buffett y Charlie Munger por su experta sabiduría sobre inversiones que, durante muchos años, compartieron amablemente con nosotros y nuestros compañeros accionistas de Berkshire Hathaway. Verdaderamente nos han concedido un regalo que sigue dando frutos.

Referencias

Epígrafe

1. <https://www.insurancejournal.com/news/national/2023/11/29/749832.htm>.

1. Warren Buffett sobre cómo ganar dinero y conservar el dinero

1. <https://www.youtube.com/watch?v=JvEas_zZ4fM>.
2. <https://www.sarwa.co/blog/warren-buffett-quotes>.
3. <https://www.youtube.com/watch?v=uddpWu5-1Uk>.
4. <https://www.youtube.com/watch?v=8OcegOGAGIs>.
5. <https://finance.yahoo.com/news/warren-buffett-investment-advice-for-young-people-120219862.html>.
6. <https://www.youtube.com/watch?v=JvEas_zZ4fM>.
7. <https://markets.businessinsider.com/news/stocks/warren-buffett-25-best-quotes-berkshire-hathaway-annual-meeting-2020-5-1029160195>.

8. <https://buffett.cnbc.com/video/2008/05/03/morning-session---2008-berkshire-hathaway-annual-meeting.html>.
9. <https://buffett.cnbc.com/video/2008/05/03/morning-session---2008-berkshire-hathaway-annual-meeting.html>; <https://www.youtube.com/watch?v=OhIEqKIf7yU>.
10. <https://www.goodreads.com/quotes/3240452-i-try-to-invest-in-businesses-that-are-so-wonderful>.
11. <https://www.youtube.com/watch?v=JvEas_zZ4fM>.
12. <https://www.fool.com/investing/general/2012/02/22/the-25-smartest-things-warren-buffett-ever-said-.aspx>.
13. <https://buffett.cnbc.com/video/2015/05/02/morning-session---2015-berkshire-hathaway-annual-meeting.html>.

2. Warren Buffett sobre la importancia de que una empresa tenga una ventaja competitiva duradera

1. <https://buffett.cnbc.com/video/2004/05/01/morning-session---2004-berkshire-hathaway-annual-meeting.html>; <https://www.youtube.com/watch?v=63oF8BOMMB8>.
2. <https://benlengerich.medium.com/why-warren-buffett-doesnt-invest-in-tech-companies-and-yet-his-largest-holding-is-apple-c0317a93979c#>.

3. <https://benlengerich.medium.com/why-warren-buffett-doesnt-invest-in-tech-companies-and-yet-his-largest-holding-is-apple-c0317a93979c#>.
4. <https://buffett.cnbc.com/video/2008/05/03/morning-session---2008-berkshire-hathaway-annual-meeting.html>.
5. <https://buffett.cnbc.com/video/2018/05/05/morning-session---2018-berkshire-hathaway-annual-meeting.html>.
6. <https://buffett.cnbc.com/video/2019/05/06/afternoon-session---2019-berkshire-hathaway-annual-meeting.html>.

3. Los principios básicos de inversión según Warren Buffett

1. <https://www.youtube.com/watch?v=Tr6MMsoWAog>.
2. <https://finance.yahoo.com/news/warren-buffett-best-quotes-154519517.html>.
3. <https://barbarafriedbergpersonalfinance.com/saving-money-advice-warren-buffett/>.
4. <https://pictureperfectportfolios.com/learning-from-warren-buffett-the-power-of-compound-interest/>; <https://givingpledge.org/pledger?pledgerId=177>.
5. <https://buffett.cnbc.com/video/2008/05/03/morning-session---2008-berkshire-hathaway-annual-meeting.html>.

6. <https://buffett.cnbc.com/video/2023/05/08/morning-session---2023-meeting.html>.
7. <https://www.fool.com/investing/2023/04/17/worried-about-high-interest-rates-heres-what-warre/>.
8. <https://buffett.cnbc.com/video/2015/05/02/morning-session---2015-berkshire-hathaway-annual-meeting.html>.
9. <https://buffett.cnbc.com/video/2019/05/06/afternoon-session---2019-berkshire-hathaway-annual-meeting.html>; fuente de la cita de Munger: <http://www.quoteswise.com/charlie-munger-quotes-4.html>.
10. <https://www.sarwa.co/blog/warren-buffett-quotes>.
11. <https://buffett.cnbc.com/video/2008/05/03/morning-session---2008-berkshire-hathaway-annual-meeting.html>; <https://www.analystforum.com/t/what-does-this-quote-by-warren-buffett-mean/94756>.

4. Warren Buffett sobre las dinámicas del mercado de valores

1. <https://www.youtube.com/watch?v=Tr6MMsoWAog>.
2. <https://www.ivey.uwo.ca/media/2809438/buffett-2008.pdf>.
3. <https://www.fool.com/investing/2023/11/05/good-time-to-buy-stocks-warren-buffetts-advice/>.
4. <https://buffett.cnbc.com/video/2023/11/06/mor

ning-session---1999-berkshire-hathaway-annual-meeting.html>.
5. Ambas citas: <https://buffett.cnbc.com/video/2015/05/02/morning-session---2015-berkshire-hathaway-annual-meeting.html>.
6. <https://financhill.com/blog/investing/warren-buffett-bear-market-quotes>.
7. <https://buffett.cnbc.com/video/2022/05/02/morning-session---2022-meeting.html>.
8. <https://buffett.cnbc.com/video/2008/05/03/morning-session---2008-berkshire-hathaway-annual-meeting.html>.
9. <https://sabercapitalmgt.com/1987-berkshire-letter-and-buffetts-thoughts-on-high-roe/>.
10. <https://buffett.cnbc.com/video/2008/05/03/morning-session---2008-berkshire-hathaway-annual-meeting.html>.

5. Warren Buffett sobre cuál es el precio adecuado que debe pagarse por una empresa o una acción

1. <https://www.youtube.com/watch?v=UpGIJG02-Mw>; <https://www.youtube.com/watch?v=JvEas_zZ4fM>.
2. <https://buffett.cnbc.com/video/2019/05/06/morning-session---2019-berkshire-hathaway-annual-meeting.html>.

3. <https://buffett.cnbc.com/video/2008/05/03/morning-session---2008-berkshire-hathaway-annual-meeting.html>.
4. <https://buffett.cnbc.com/video/2004/05/01/morning-session---2004-berkshire-hathaway-annual-meeting.html>.
5. <https://buffett.cnbc.com/video/2004/05/01/morning-session---2004-berkshire-hathaway-annual-meeting.html>.
6. <https://buffett.cnbc.com/video/2023/11/06/morning-session---1999-berkshire-hathaway-annual-meeting.html>.

6. Warren Buffett sobre los asesores de inversión

1. <https://nymag.com/intelligencer/2008/09/warren_buffetts_dirty_words_of.html>.
2. <https://buffett.cnbc.com/video/2004/05/01/morning-session---2004-berkshire-hathaway-annual-meeting.html>.
3. <https://quotefancy.com/quote/931542/Warren-Buffett-First-many-in-Wall-Street-a-community-in-which-quality-control-is-not>.
4. <www.reuters.com/article/idUSKCN0XR0OO/>.
5. <https://www.youtube.com/watch?v=8OcegOGAGIs>.

7. Warren Buffett sobre cómo afecta la inflación a las inversiones

1. <https://www.youtube.com/watch?v=JvEas_zZ4fM>; <https://buffett.cnbc.com/video/2008/05/03/morning-session---2008-berkshire-hathaway-annual-meeting.html >.
2. <https://www.youtube.com/watch?v=joBnDqPfKfI>.

8. Warren Buffett sobre las ventajas de tener dinero en efectivo

1. <https://buffett.cnbc.com/video/2022/05/02/morning-session---2022-meeting.html>.
2. <https://buffett.cnbc.com/video/2014/05/03/morning-session---2014-berkshire-hathaway-annual-meeting.html>.
3. <https://www.azquotes.com/quote/1278019>.
4. <https://buffett.cnbc.com/video/2014/05/03/morning-session---2014-berkshire-hathaway-annual-meeting.html>.

9. Warren Buffett sobre cómo sacar provecho de los errores cometidos

1. <https://www.cnbc.com/2019/04/29/warren-buffett-on-making-mistakes-that-makes-it-interesting.html>.

2. <https://www.youtube.com/watch?v=uddpWu5-1Uk>.
3. <https://www.youtube.com/watch?v=JvEas_zZ4fM>.
4. <https://nymag.com/intelligencer/2008/09/warren_buffetts_dirty_words_of.html>; <https://markets.businessinsider.com/news/stocks/warren-buffett-most-gruesome-mistake-dexter-shoe-9-billion-error-2020-1-1028827359>.
5. <https://libquotes.com/warren-buffett/quote/lbr1w3m>.
6. <https://buffett.cnbc.com/video/2019/05/06/morning-session---2019-berkshire-hathaway-annual-meeting.html>; <https://www.valueinvestingworld.com/2014/07/berkshire-and-diversified-retailing.html>.

10. Warren Buffett sobre cómo valorar una empresa y sus acciones

1. <https://www.youtube.com/watch?v=ABAuGP9qMoY>; <https://www.gurufocus.com/news/970127/charlie-mungers-3-tips-for-valuing-stocks>.
2. <https://buffett.cnbc.com/video/2004/05/01/morning-session---2004-berkshire-hathaway-annual-meeting.html>.
3. <https://www.youtube.com/watch?v=a8Tw2Pm-zGU>.

11. Warren Buffett sobre las inversiones inmobiliarias

1. <https://www.youtube.com/watch?v=gxK2vXKl-FO8>.
2. <https://www.youtube.com/watch?v=zTuOMVu9Kow>.
3. <https://www.youtube.com/watch?v=zpPcx1BsxNE>.

12. Warren Buffett sobre los peligros de la banca

1. <https://www.youtube.com/watch?v=zpPcx1BsxNE>.
2. <https://www.reuters.com/business/buffett-says-he-cannot-imagine-us-debt-default-2023-05-06>.

13. Warren Buffett sobre invertir en Japón, China y el resto del mundo

1. <https://buffett.cnbc.com/video/2015/05/02/morning-session---2015-berkshire-hathaway-annual-meeting.html>.
2. <https://www.reuters.com/business/buffett-says-more-comfortable-with-investments-japan-than-taiwan-2023-05-06/>.
3. <https://buffett.cnbc.com/video/2015/05/02/munger-efficiency-is-required-over-time-in-capitalism.html>.

4. <https://buffett.cnbc.com/video/2018/05/05/morning-session---2018-berkshire-hathaway-annual-meeting.html>.
5. <https://www.forbes.com/sites/miriamtuerk/2018/08/16/why-warren-buffett-is-right-about-china/?sh=1da91ad41bff>.
6. <https://www.youtube.com/watch?v=uddpWu5-1Uk>.

14. Warren Buffett sobre invertir en criptomonedas y oro

1. <https://www.cnbctv18.com/business/bitcoin-was-probably-rat-poison-squared-and-other-top-quotes-by-warren-buffett-14618511.htm#>; <https://www.cnbc.com/2020/02/24/warren-buffett-cryptocurrency-has-no-value.html>; <https://www.cnbc.com/2022/04/30/warren-buffett-gives-his-most-expansive-explanation-for-why-he-doesnt-believe-in-bitcoin.html>; <https://www.thestreet.com/crypto/investing/warren-buffett-doesnt-mince-words-about-bitcoin>; <https://www.investopedia.com/news/buffett-cryptocurrency-they-will-certainly-come-bad-ending/>.
2. <https://www.goodreads.com/quotes/546212-gold-gets-dug-out-of-the-ground-in-africa-or>.

15. Warren Buffett sobre los peligros de recurrir al apalancamiento/la deuda

1. <https://barbarafriedbergpersonalfinance.com/saving-money-advice-warren-buffett/>.
2. <https://buffett.cnbc.com/video/2019/05/06/morning-session---2019-berkshire-hathaway-annual-meeting.html>.
3. <https://www.insurancejournal.com/news/national/2023/11/29/749832.htm>.

16. Warren Buffett sobre vivir una vida más feliz y más productiva

1. <https://www.youtube.com/watch?v=Tr6MMsoWAog>; <https://buffett.cnbc.com/video/2005/04/30/the-best-investment-is-in-your-own-abilities.html>.
2. <https://quotefancy.com/quote/931415/Warren-Buffett-My-idea-of-a-group-decision-is-to-look-in-the-mirror>; <https://buffett.cnbc.com/video/2016/04/30/morning-session---2016-berkshire-hathaway-annual-meeting.html>.
3. <https://www.youtube.com/watch?v=Tr6MMsoWAog>.
4. <https://markets.businessinsider.com/news/stocks/warren-buffett-25-best-quotes-berkshire-hathaway-annual-meeting-2020-5-1029160195>.

5. <https://observer.com/2015/05/ive-followed-warren-buffett-for-decades-and-keep-coming-back-to-these-10-quotes/>; <https://www.inc.com/marcel-schwantes/warren-buffett-says-you-can-ruin-your-life-in-5-minutes-by-making-1-critical-mistake.html>.
6. <https://www.youtube.com/watch?v=JvEas_zZ4fM>.
7. <https://www.youtube.com/watch?v=4YYxAS4xeNM>.
8. <https://www.youtube.com/watch?v=Tr6MMsoWAog>; <https://www.youtube.com/watch?v=KJcWrL4fQnk>; <https://www.cnbc.com/2018/05/14/warren-buffett-says-the-most-important-decision-is-who-you-marry.html>; <https://buffett.cnbc.com/video/2022/05/02/morning-session---2022-meeting.html>.
9. <https://www.youtube.com/watch?v=yzuTj_t7ILs>.
10. <https://www.azquotes.com/quote/536518#google_vignette>.
11. <https://buffett.cnbc.com/video/2014/05/03/morning-session---2014-berkshire-hathaway-annual-meeting.html>; <https://www.youtube.com/watch?v=Ycd-Zel3ExM>.
12. <https://www.google.com/search?client=safari&rls=en&q=warren+buffett+on+envy&ie=UTF-8&oe=UTF-8#fpstate=ive&vld=cid:f164d162,vid:-T3NanXhuxY,st:0 >.
13. <https://buffett.cnbc.com/video/2019/05/06/afternoon-session---2019-berkshire-hathaway-annual-

meeting.html>; <http://www.quoteswise.com/charlie-munger-quotes-2.html>.
14. <https://www.youtube.com/watch?v=4YYxAS4xeNM>.

17. Warren Buffett sobre algunas cosas que deben evitarse y algunos posibles peligros que tal vez surjan en el futuro

1. <https://www.thestreet.com/investing/stocks/the-15-greatest-warren-buffett-quotes-of-all-time-13207512>; <https://nymag.com/intelligencer/2008/09/warren_buffetts_dirty_words_of.html>.
2. <https://www.cnbc.com/video/2020/02/24/buffett-reaching-for-yield-human-low-interest-rates.html>; <https://www.marketwatch.com/picks/this-is-warren-buffetts-first-rule-about-investing-heres-what-to-do-if-your-financial-adviser-breaks-that-rule-01635799738>.
3. <https://buffett.cnbc.com/video/2008/05/03/morning-session---2008-berkshire-hathaway-annual-meeting.html>.
4. <https://buffett.cnbc.com/video/2004/05/01/morning-session---2004-berkshire-hathaway-annual-meeting.html>; <https://www.investopedia.com/terms/d/derivativestimebomb.asp>.
5. <https://buffett.cnbc.com/video/2022/05/02/morning-session---2022-meeting.html>.

18. Warren Buffett sobre invertir en empresas tecnológicas

1. <https://www.oldschoolvalue.com/stock-valuation/warren-buffett-valuation-formula/>.
2. <https://www.youtube.com/watch?v=UpGIJG02-Mw>.
3. <https://buffett.cnbc.com/video/2018/05/05/morning-session---2018-berkshire-hathaway-annual-meeting.html>.
4. <https://www.cnbc.com/2017/05/06/warren-buffett-says-hes-got-a-big-appetite-for-a-solar-or-wind-project.html>; <https://markets.businessinsider.com/news/stocks/warren-buffett-berkshire-hathaway-invest-billions-iowa-saudi-arabia-wind-2019-12-1028787852>.
5. <https://www.youtube.com/watch?v=lGlpRe2WD6g>; <https://www.youtube.com/watch?v=03sdWvFUg14>.

19. Warren Buffett sobre el futuro y la dinámica empresarial de Berkshire Hathaway

1. <https://buffett.cnbc.com/video/2019/05/06/afternoon-session---2019-berkshire-hathaway-annual-meeting.html>.

2. <https://buffett.cnbc.com/video/2008/05/03/morning-session---2008-berkshire-hathaway-annual-meeting.html>.
3. <https://buffett.cnbc.com/video/2019/05/06/morning-session---2019-berkshire-hathaway-annual-meeting.html>.
4. <https://buffett.cnbc.com/video/1994/04/25/afternoon-session---1994-berkshire-hathaway-annual-meeting.html>.
5. <https://www.cnbc.com/2009/11/17/warren-buffett-reasonable-return-is-good-enough-for-longhaul-railroad-ride.html>.
6. <https://buffett.cnbc.com/video/2019/05/06/afternoon-session---2019-berkshire-hathaway-annual-meeting.html>.
7. <https://buffett.cnbc.com/video/2023/05/08/morning-session---2023-meeting.html>.
8. <https://buffett.cnbc.com/video/2008/05/03/afternoon-session---2008-berkshire-hathaway-annual-meeting.html>.
9. <https://www.goodreads.com/quotes/432412-i-insist-on-a-lot-of-time-being-spent-almost>.
10. <https://www.youtube.com/watch?v=JvEas_zZ4fM>.
11. <https://www.youtube.com/watch?v=BBXh2IveLm8>.
12. <https://buffett.cnbc.com/video/2019/05/06/morning-session---2019-berkshire-hathaway-annual-meeting.html>.

20. Warren Buffett sobre trabajar con éxito con otras personas en los negocios

1. <https://www.youtube.com/watch?v=xvAOaKJ8Meo>.
2. <https://www.youtube.com/watch?v=4YYxAS4xeNM>.
3. <https://www.youtube.com/watch?v=4YYxAS4xeNM>; <https://www.fool.com/investing/2020/01/07/10-lessons-from-warren-buffett.aspx>.
4. <https://buffett.cnbc.com/video/2016/04/30/morning-session---2016-berkshire-hathaway-annual-meeting.html>.
5. <https://www.youtube.com/watch?v=4YYxAS4xeNM>.
6. <https://buffett.cnbc.com/video/2023/11/06/morning-session---1999-berkshire-hathaway-annual-meeting.html>.
7. <https://ulm.edu/webguide/faculty/pdf/One-Important-And-Simple-Successful-Habit.pdf>; <https://www.inc.com/marcel-schwantes/warren-buffett-says-this-is-1-simple-habit-that-separates-successful-people-from-everyone-else.html>.
8. <https://buffett.cnbc.com/video/2015/05/02/morning-session---2015-berkshire-hathaway-annual-meeting.html>.

21. Warren Buffett sobre el futuro de Estados Unidos y la política estadounidense

1. <https://www.youtube.com/watch?v=2RbGDN9HWO4>.
2. <https://buffett.cnbc.com/video/2019/05/06/afternoon-session---2019-berkshire-hathaway-annual-meeting.html>.
3. <https://www.youtube.com/watch?v=JvEas_zZ4fM>; <https://www.aei.org/economics/when-it-comes-to-reducing-global-poverty-bono-is-right-and-the-anti-capitalists-are-wrong/>.
4. <https://www.youtube.com/watch?v=uddpWu5-1Uk>.
5. <https://www.youtube.com/watch?v=uddpWu5-1Uk>.
6. <https://buffett.cnbc.com/video/2008/05/03/morning-session---2008-berkshire-hathaway-annual-meeting.html>.
7. <https://www.youtube.com/watch?v=2RbGDN9HWO4>.

Epílogo. Warren Buffett sobre la filantropía

1. <https://givingpledge.org/pledger?pledgerId=177>.
2. <https://www.wsj.com/finance/warren-buffett-gives-us-apreview-of-his-will-419ad46d>.